Königs Erläuterungen und Materialien
Band 79

Erläuterungen zu

Johann Wolfgang Goethe

Die Leiden des jungen Werther

von Rüdiger Bernhardt

Über den Autor dieser Erläuterung:

Prof. Dr. sc. phil. Rüdiger Bernhardt lehrte neuere und neueste deutsche sowie skandinavische Literatur an Universitäten des In- und Auslandes. Er veröffentlichte u. a. Monografien zu Henrik Ibsen, Gerhart Hauptmann, August Strindberg, gab die Werke Ibsens, Peter Hilles, Hermann Conradis und anderer sowie zahlreiche Schulbücher heraus. Seit 1994 ist er Vorsitzender der Gerhart-Hauptmann-Stiftung Kloster auf Hiddensee.

Das Werk und seine Teile sind urheberrechtlich geschützt. Jede Verwertung in anderen als den gesetzlich zugelassenen Fällen bedarf der vorherigen schriftlichen Einwilligung des Verlages. Hinweis zu § 52 a UrhG: Weder das Werk noch seine Teile dürfen ohne vorherige schriftliche Einwilligung des Verlages öffentlich zugänglich gemacht werden. Dies gilt auch bei einer entsprechenden Nutzung für Unterrichtszwecke!

4. Auflage 2006
ISBN-10: 3-8044-1734-5
ISBN-13: 978-3-8044-1734-2
© 2002 by C. Bange Verlag, 96142 Hollfeld
Alle Rechte vorbehalten!
Titelabbildung: Thomas Wenzel als Werther in einer Aufführung des ETA Hoffmann Theaters Bamberg (siehe auch Seite 6), Spielzeit 1995/1996.
Foto: Ingrid Rose.
Druck und Weiterverarbeitung: Tiskárna Akcent, Vimperk

Inhalt

Vorwort 5

1. **Johann Wolfgang Goethe: Leben und Werk** 7
1.1 Biografie 7
1.2 Zeitgeschichtlicher Hintergrund 13
1.3 Angaben und Erläuterungen
 zu wesentlichen Werken 16

2. **Textanalyse und -interpretation** 20
2.1 Entstehung und Quellen 20
2.2 Inhaltsangabe 26
2.3 Aufbau 36
2.4 Personenkonstellation und Charakteristiken 40
2.5 Sachliche und sprachliche Erläuterungen 44
2.6 Stil und Sprache 79
2.7 Interpretationsansätze 81

3. **Themen und Aufgaben** 86

4. **Rezeptionsgeschichte** 91

5. **Materialien** 99

Literatur 103

Vorwort

Goethes erster Roman und gleichzeitig der erste Bestseller der neueren deutschen Literatur ist der Briefroman *Die Leiden des jungen Werther(s)*. Es war Goethes größter Erfolg; er kam einer Sensation gleich. Auch Zensur und Polizei traten gegen den Roman an. Eine Anerkennung des Selbstmordes wurde in ihm gesehen. Der Bischof von Derry Lord Bristol (1730–1802) warf Goethe vor, er habe die Menschen zum Selbstmord verleitet: „Der *Werther* ... ist ein ganz unmoralisches, verdammenswürdiges Buch!"[1] Goethe erlebte in Weimar, dass sich am 17. Januar 1778 aus Liebeskummer Christiane Henriette von Laßberg in der Ilm ertränkte; in ihrer Kleidertasche fand man Goethes *Werther*. Die Wirkungen des Romans machten staunen und betroffen.

Die Interpretation gilt diesem Briefroman, dessen Form heute ungewohnt anmutet. Dass er dennoch ein Standardwerk des Unterrichts ist, liegt nicht an seiner Bedeutung als Liebesroman. Da wirkt heute vieles altmodisch und trivial. Aber in ihm wird geschildert, wie ein junger Mensch mit seiner sozialen Wirklichkeit in Konflikt gerät und daran zerbricht. Es wird möglichst genau dem besonderen Charakter der Handlung gefolgt und zu erklären versucht, warum der Roman so berühmt, sprichwörtlich verwendet[2] und Symbolwerk für den Zustand des „Weltschmerzes" wurde[3], bis in die Gegenwart Nachfolger findet [Ulrich Plenzdorf: *Die neuen Leiden des jungen W.*

---

1 Eckermann (*Friedrich Sorets Gespräche mit Goethe*), S. 695 (17. März 1830)
2 Gottfried August Bürger verwendete den Namen in seiner Ballade *Der Kaiser und der Abt* (1785) als Gattungsnamen: „ein bleicher, hohlwangiger Werther".
3 „Weltschmerz" ist ein geflügelter Begriff für psychische Verfassungen geworden, die der Werthers ähnlich sind: Ein natürliches Gefühl kommt mit den Unzulänglichkeiten des Weltzustands nicht zurecht und wird beschädigt, verletzt. Goethe hat diesen Zustand in einem Brief an Zelter als „Taedium vitae" bezeichnet und in *Dichtung und Wahrheit* beschrieben (Berliner Ausgabe, Band = BA 13, S. 621).

(1973)] und für die Bühne adaptiert wird [Rainer Lewandowski: *Die Leiden des jungen Werthers*. Monodramfassung (1996); Monika Querndt: *Die Leiden des jungen Werthers*. Spielfassung nach Goethes Roman (2001)[4]].

Zitiert wird nach der Ausgabe des Briefromans aus dem Reclam-Verlag: Johann Wolfgang Goethe: *Die Leiden des jungen Werther*. Nachwort von Ernst Beutler. Stuttgart 2001.

---

[4] Uraufgeführt am Gerhart-Hauptmann-Theater Zittau im März 2001: „In der Bühnenfassung und Inszenierung von Monica Querndt erleben zwei junge unterschiedliche Menschen zum ersten Mal die wirkliche Liebe." (Theaterankündigung)

1. Johann Wolfgang Goethe: Leben und Werk

1.1 Biografie

Jahr	Ort	Ereignis	Alter
1749	28. August Frankfurt a. M.	Johann Wolfgang Goethe wird als Sohn des Kaiserlichen Rates Dr. jur. Johann Kaspar Goethe, Sohn eines Schneiders, und Katharina Elisabeth, geb. Textor, Tochter des Schultheißen, in Frankfurt am Main, im Haus „Zu den drei Leiern" am Großen Hirschgraben **geboren**.	
1750	Frankfurt a. M.	Schwester Cornelia Friederike Christiane geboren.	1
1759–1763	Frankfurt a. M.	Während der französischen Besetzung Frankfurts besucht Goethe **das französische Theater.**	10–14
1765	Leipzig	Goethe **studiert die Rechte**, hört aber auch Vorlesungen zur Literatur und lernt Gellert und Gottsched kennen.	16
1768	Frankfurt a. M.	Goethe kehrt nach einem Blutsturz krank nach Hause zurück. Er liest Wieland, Shakespeare u. a.	19

1.1 Biografie

Jahr	Ort	Ereignis	Alter
1770	Straßburg	**G. setzt sein Rechtsstudium fort** und schließt es als Lizentiat der Rechte ab, was ihm ermöglicht, als Advokat zugelassen zu werden. Er lernt Herder und Dichter des **Sturm und Drang** (u. a. Lenz) kennen. Im Straßburger Kreis werden ihm Pindar, Homer, die englische Dichtung, voran **Shakespeare** und **Ossian**, nahe gebracht.	21
1770	Sesenheim	Er verliebt sich in Friederike Brion. Am 7. August 1771 ohne Erklärung Abschied und	21
1771	Frankfurt a. M	Rückkehr nach Hause.	21
1771	Frankfurt a. M.	Goethe hält seine berühmte Rede *Zum Schäkespears Tag*.	22
1772	Wetzlar	Goethe als Praktikant am **Reichskammergericht** – die Eintragung in die Liste der Rechtspraktikanten am 25. Mai ist der einzige Nachweis seiner Tätigkeit – verliebt sich in Charlotte Buff, der er bei einem Ball am 9. Juni in Volpertshausen begegnet.	22
1772	Ehrenbreitenstein	Goethe geht ohne Abschied aus Wetzlar fort, fährt am 11. September zu Maximiliane, der Tochter von Marie Sophie von	23

1.1 Biografie

Jahr	Ort	Ereignis	Alter
1772	Frankfurt a. M.	La Roche, deren Roman *Geschichte des Fräuleins von Sternheim* (1771) Goethe beeinflusst. Rückkehr nach Hause, November: **Der Selbstmord des Studienkollegen Jerusalem (30. Oktober 1772) geht in den Plan zum *Werther*-Roman ein.**	23
1773	Wetzlar	Charlotte Buff und Kestner heiraten am 4. April.	23
1774	Frankfurt a. M.	**1. Februar: Beginn der Arbeit am *Werther*; Abschluss nach vier Wochen.**	24
1774	Frankfurt a. M.	Knebel vermittelt Goethes **Bekanntschaft mit dem Erbprinzen Karl August.** Klopstock besucht ihn. **Nach dem Erscheinen des Romans *Die Leiden des jungen Werthers* wird Goethe berühmt.**	25
1775	Frankfurt a. M.	Liebe und Verlobung mit Lili Schönemann, brieflich sich äußernde Liebe zur Gräfin Auguste von Stolberg.	26
	Schweiz	Erste Reise in die Schweiz mit den Grafen zu Stolberg und von Haugwitz: **Sie tragen Werther-Kleidung.**	

1.1 Biografie

Jahr	Ort	Ereignis	Alter
1775	Frankfurt	Lenz besucht Goethes Freund Friedrich Maximilian Klinger, der mit dem Stück *Sturm und Drang* der Literaturepoche ihren Namen gab, in Frankfurt. Klinger reitet ihm **in Werther-Kleidung** entgegen.	26
1775	Weimar	Abreise am 30. 10., nachdem Karl August am 3. 9. die Regierung angetreten hat, Ankunft am 7. 11.	26
1776	Weimar	Geheimer Legationsrat mit Sitz und Stimme im Geheimen Conseil, tritt am 25. Juni in den **Staatsdienst**. Liebe zu **Charlotte von Stein**.	26
1777	Harz	Erste Harzreise, der 1783 bis 1789 weitere folgen.	28
1779	Weimar	Er wird zum Geheimen Rat ernannt.	30
	Schweiz	Zweite Reise.	
1781	Weimar	Naturwissenschaftliche Studien.	32
1782	Weimar	Er wird **geadelt**. Goethes Vater stirbt.	33
1784	Weimar	G. findet den **Zwischenkieferknochen** beim Menschen.	35
1786	Karlsbad	Sommer in Karlsbad. Heimlich flieht er von dort nach Italien und kommt am 29. Oktober in **Rom** an. Italienische Reise.	37

1.1 Biografie

Jahr	Ort	Ereignis	Alter
1788	Weimar	Rückkehr, liebt **Christiane Vulpius.**	39
1789	Weimar	Sohn August geboren, stirbt 1830 in Rom und wird dort beerdigt.	40
1790	Italien	Zwischen März und Juni die **zweite Italienreise.**	40
1791	Weimar	Bis 1817 Direktor des Hoftheaters, Materialsammlung zur Farbenlehre.	42
1792	Frankreich	Bis 1793 Feldzug. Belagerung von Mainz.	43
1794	Weimar, Jena	Beginn der Freundschaft mit Schiller.	45
1797	Schweiz	Dritte Reise.	48
1799	Weimar	Im Dezember siedelt Schiller von Jena nach Weimar über.	50
1805	Weimar	9. Mai: Tod Schillers. Freundschaft mit Zelter.	55
1806	Jena	**Schlacht bei Jena und Auerstädt**: Das Heilige Römische Reich Deutscher Nation geht unter. Die Franzosen plündern Weimar, Goethes Haus bleibt dank des Einsatzes von Christiane verschont. Am 19. Oktober lässt sich **Goethe mit Christiane trauen**.	57
1807	Weimar	Liebe zu Minna Herzlieb.	58

1.1 Biografie

Jahr	Ort	Ereignis	Alter
1808	Erfurt	**Auf dem Fürstentag treffen Napoleon und Goethe zusammen und sprechen über den *Werther*.**	59
1814	Rhein und Main	Reisen. Liebe zu Marianne von Willemer.	65
1816	Weimar	6. Juni: **Tod Christianes.** 22. September: Charlotte Kestner geb. Buff in Weimar und am 25. September: Wiedersehen mit Goethe (Thomas Mann *Lotte in Weimar*, 1939). Goethe liest nochmals den *Werther*.	67
1823	Weimar	Johann Peter Eckermann besucht Goethe. Er wird Mitarbeiter und Nachfolger Riemers. Reise nach Marienbad und Eger. Verliebt sich in Ulrike von Levetzow.	74
1828	Weimar	Der Großherzog Karl August stirbt.	79
1832	Weimar	22. März: **Tod** Goethes in seinem 83. Lebensjahr.	82

1.2 Zeitgeschichtlicher Hintergrund

Goethe war 24 Jahre, Jurist und bekannt geworden mit seinem ersten Stück *Götz von Berlichingen*. Der Roman ist ohne Goethes zeitgenössische Lektüre und den Einfluss Rousseaus nicht zu denken, er gehört zeitlich, inhaltlich und geistesgeschichtlich in das Vorfeld der Französischen Revolution von 1789 und die dadurch einsetzende Neuordnung Europas auf einer veränderten sozialen Grundlage.

Die jungen Menschen jener Zeit, besonders der Kreis um Herder, dem auch Goethe angehört hatte, begeisterten sich für **schauerliche Stimmungen, Tod und Grab** wurden ersehnt. Shakespeares *Hamlet* mit seiner Neigung zu Sterben und Wahnsinn hatte daran ebenso Anteil wie die *Gesänge des Ossian*, die als uralte Heldengesänge gelesen wurden. Die Klopstock-Anhänger des *Göttinger Hains* kamen im Mondschein zusammen und trugen ihre Gedichte in ein schwarz eingebundenes Bundesbuch ein. Einer davon war in Wetzlar mit Goethe befreundet und machte ihn mit Kestner bekannt: der Sekretär der sachsen-gothaischen Gesandtschaft Friedrich Wilhelm Gotter (1746–1797).[5] Insofern nahm Goethes Roman Zeitgefühle auf. Die Todessehnsucht entstand aus dem **Ekel vor einem sinnlosen Leben**. „Überdruss am rhythmischen Einerlei des Lebens" nannte das Thomas Mann mit dem Blick auf die Werther-Generation.[6] Er hätte auch Goethe zitieren

---

[5] Kestner an Hennings im Herbst 1772: „Einer der vornehmsten unsrer schönen Geister, Sekretär Gotter, beredete mich einst, nach Garbenheim, einem Dorf, gewöhnlichem Spaziergang, zu gehen. Daselbst fand ich ihn (Goethe, R. B.) im Grase unter einem Baum auf dem Rücken liegen." Bode, Bd. 1, S. 36

[6] Thomas Mann: Goethes *Werther*. In: Thomas Mann: *Altes und Neues. Kleine Prosa aus fünf Jahrzehnten*. Berlin und Weimar: Aufbau-Verlag 1965, S. 229. Auch in: *Goethe im zwanzigsten Jahrhundert*. Hg. von Hans Mayer. Frankfurt a. M.: Insel-Verlag 1987

1.2 Zeitgeschichtlicher Hintergrund

können, der in *Dichtung und Wahrheit* im Zusammenhang mit den *Wertherischen Briefen* ausführlich über den „Ekel vor dem Leben" berichtet und Beispiele gibt, wie das Leben durch seine Alltagsverrichtungen zur Last wird und im Selbstmord endet.[7] Werther wird das bewusst, als er in festen Diensten steht: „Ich weiß nicht recht, warum ich aufstehe, warum ich schlafen gehe." (S. 78) Das Grundgefühl der aufbrechenden, aufbegehrenden Generation wiederholt sich in den nächsten Jahrzehnten bei den nächsten Generationen, so fast wörtlich 1850 (entstanden 1835) in Georg Büchners *Dantons Tod* (2. Akt, Beginn). Goethe leidet einerseits wie sein Werther und hat auch so gelitten, andererseits werden diese Leiden aber auch „kritisch interpretiert"[8], hinterfragt und Goethe distanziert sich im Text, vor allem durch den abschließenden Bericht des Herausgebers, von einer Entwicklung, die auch als „Krankengeschichte"[9] gelesen werden kann. Krankheit aber war nicht Goethes Thema.

Liebesroman

Goethes Roman ist auch ein **Liebesroman**. Goethe hatte im Frühjahr 1772 im Kreise von Merck in Darmstadt freundlich-heitere Tage gehabt und mit schönen Frauen geflirtet, darunter waren Henriette von Roussillon und Louise von Ziegler. Beiden setzte er im *Werther* ein Denkmal: Henriette von Roussillon als „Freundin meiner Jugend" (S. 11) und Louise von Ziegler als Fräulein von B. (S. 76). Diese arkadische Zeit wurde unterbrochen vom Wunsch des Vaters, Goethe möchte in Wetzlar am Reichskammergericht Kenntnisse für den höheren Justiz- und Staatsdienst erwerben. Caroline Flachsland, beteiligt an den arkadischen Lustbarkeiten, schrieb an ihren zukünftigen Mann Herder: „Jetzt sitzt er in Wetzlar, einsam, öde und

---

7 *Dichtung und Wahrheit*, BA 13, S. 621
8 Mayer, S. 160
9 ebd.

1.2 Zeitgeschichtlicher Hintergrund

leer".[10] Das Reichskammergericht, eine nutzlose und überholte Einrichtung, interessierte Goethe nicht. Dafür genoss er die Ungebundenheit in ländlicher Umgebung und mit schönen Mädchen; die arkadische Situation aus Darmstadt setzte sich fort. Besonders faszinierte ihn Charlotte Buff. Dabei ist zwischen den schnell wechselnden Leidenschaften bei Goethe und der tödlichen Liebe seines Werthers zu unterscheiden. Goethe hatte sich im August 1771 von Friederike Brion getrennt, verließ im September 1772 Lotte Buff und verliebte sich wenige Tage später in Maximiliane La Roche. Noch 1774 schrieb er am gleichen Tag an Lotte, er rede mit ihrem Schatten, und an Sophie von La Roche, Maximiliane nicht mehr zu sehen, sei ein Opfer.[11] Er kommentierte das: „Es ist eine sehr angenehme Empfindung, wenn sich eine neue Leidenschaft in uns zu regen anfängt, ehe die alte noch ganz verklungen ist."[12]
Was Goethe erlebte, wurde zur Dichtung. Es war auch umgekehrt: Was er dichtete, inszenierte er in seinem Leben.
Werther kennt die Gefahren, die aus seinen Leidenschaften entstehen: Sie steigern sich zur „Ausschweifung" und sind „verderbliche Leidenschaften" (S. 9). Ob Goethe eine so extreme Situation wie Werther empfunden hat, bleibt offen; er hatte Lotte schnell überwunden. Was ihn erschütterte, war der Tod Jerusalems; da wurde ihm bewusst, wie schmerzlich Liebe ausgehen kann. So verband er dessen Schicksal mit seinem Verzicht auf Charlotte Kestner, geb. Buff.

---

10 Bode, Bd. 1, S. 27
11 Max Morris: *Der junge Goethe*, 6 Bände, Leipzig 1909–1912, Bd. 4, S. 24
12 *Dichtung und Wahrheit*, BA 13, S. 604

1.3 Angaben und Erläuterungen zu wesentlichen Werken

Die Gefühlsleidenschaft findet sich in der Sesenheimer Lyrik, die schon auf den Roman verweist. Nur ein Beispiel stehe dafür, andere ließen sich summieren:

Mailied (1771)	*Werthers Brief vom 10. Mai*
Im Blütendampfe	das liebe Tal um mich dampft ...
Die volle Welt	die Welt um mich her

▶ *Gedichte von einem polnischen Juden* (1772). In der Rezension beschreibt Goethe allem Anschein nach erstmals seine Begegnung mit Charlotte Buff, wenn dem Jüngling „auf seiner Wallfahrt" ein Mädchen gewünscht wird, das Güte und Anmut sein sollte, „sich in stillem Familienkreis häuslicher tätiger Liebe glücklich entfaltet hat", „die zweite Mutter ihres Hauses ist" usw. Romanähnliche Passagen weisen auf das spätere Werk hin.[13]

▶ *Stella* (1775) stammt aus dem Werther-Umfeld. Das Stück ist „ein verzerrter Werther" genannt worden.[14] Statt einer tragischen Lösung wird der Konflikt heiter und versöhnend gelöst: Zwei Frauen sind Gattin des geliebten Mannes.

▶ *Claudine von Villa Bella* (1775) stammt ebenfalls aus diesem Umfeld: Claudine ist wie Lotte umworben, Pedro ist Albert und der edle Vagant Crugantino Werther. Die beiden Werber sind, wie sich herausstellt, Brüder. In der zweiten Fassung wird das Problem trivial gelöst, jeder Bruder bekommt eine Frau.

---

13 „*Gedichte von einem polnischen Juden*". In: BA 17, S. 225. Vgl. dazu auch Reuter, S. 87
14 Vgl. Hettner, Bd. 2, S. 131

1.3 Angaben und Erläuterungen zu den Werken

▶ *Hanswursts Hochzeit oder der Lauf der Welt* (1774/75) heißt eine Fragment gebliebene Farce, die parallel zum *Werther* entstanden ist. Es ist eine Art derb-sinnliche Gegenreaktion zur Empfindsamkeit des *Werther*. Es geht unter Berufung auf Werther obszön und drastisch zu:

> „Mir ist das liebe Wertherische Blut/Immer zu einem Probierhengst gut./Den lass ich mit meinem Weib [auf und ab] spazieren,/Vor ihren Augen sich abbranlieren,/Und hintendrein komm ich bei Nacht/Und vögle sie, dass alles kracht./Sie schwaumelt oben in höhern Sphären,/Lässt sich unten mit Marks der Erde nähren./Das gibt Jungens leibselig brav,/Allein macht ich wohl ein schweinisch Schaf."[15]

(abbranlieren = wackeln, nutzlos erregen, onanieren; schwaumeln = Zusammenziehung von *schwanken* und *taumeln*)

▶ *Der Triumph der Empfindsamkeit* (1778/79): In dieser *Dramatischen Grille* spottet Goethe über das Werther-Fieber, die empfindsame Natur-Verehrung. *Die neue Héloise* und *Die Leiden des jungen Werthers* erscheinen als „Grundsuppe" aller „Empfindsamkeiten".[16]

▶ *Das Neueste von Plundersweilern* (1781): Das „Scherzbild" der deutschen Literatur wurde für die Weihnachtsbescherung durch Herzogin Amalia geschrieben. In einem Zug literarischer Gestalten erscheint ein „junger Herr" (Goethe) mit Werthers „Leichnam auf seinem Rücken", gefolgt von den vom Werther-Fieber betroffenen „Junggesellen" und „Jungfrauen". „Da fing's entsetzlich an zu rumoren/Unter Klugen, Weisen und Toren." Goethe aber wünschte „weit davon zu sein".[17]

---

15 *Paralipomena*. In: BA Bd. 5, S. 493 und 687
16 *Der Triumph der Empfindsamkeit*. In: BA 5, S. 381
17 *Das Neueste von Plundersweilern* (1781). In: BA 5, S. 437f.

1.3 Angaben und Erläuterungen zu den Werken

▶ *Torquato Tasso* (1789) galt als Weiterführung Werthers: Auch Tasso möchte leben, wie es gefällt. Als in der französischen Zeitschrift *Le Globe* 1826 Jean-Jacques Ampère, Sohn des bekannten Physikers, „den Tasso einen gesteigerten Werther" nannte, bezeichnete das Goethe als „sehr treffend".[18]

▶ *Briefe aus der Schweiz. Werthers Reise* (Fragment, 1796): Das Vorwort behauptet, man habe die Briefe „unter Werthers Papieren gefunden";[19] Werther sei vor der Bekanntschaft mit Lotte in der Schweiz gewesen. Die Briefe sind enthusiastisch wie die Werthers, aber geordneter und vernünftiger als diese. Kunstbetrachtungen gehört eine größere Aufmerksamkeit. Eine Entkleidungs- und Nacktszene – dieser Werther will anatomische Studien treiben – weist mehr Ähnlichkeiten mit Romanen des 19. Jahrhunderts als mit denen des Sturm und Drang auf. Als die DEFA 1976 ihren *Werther*-Film drehte (Szenarium: Helga Schütz) ging die Handlung davon aus, dass der Begegnung mit Lotte Werthers Aufenthalt in der Schweiz, gemeinsam mit Wilhelm, vorausging.

▶ *An Werther* (1824): Statt einer vom Verleger gewünschten Vorrede zur Jubiläumsausgabe schrieb Goethe dieses Gedicht. Es wurde das erste Gedicht der *Trilogie der Leidenschaft*. In diesem Gedicht treten Goethes Titelheld und sein Schöpfer einander gegenüber, Werther erscheint wie ein früh verstorbener Freund. Der alte Dichter hat trotz der Länge seines Lebens nicht viel mehr aufzuweisen als der früh Verstorbene („Gingst du voran – und hast nicht viel verloren.") Er kann aber auf eine paradoxe Umkehrung verweisen: Werther starb, um den Tod zu meiden, „den das Scheiden bringt"; der Dichter blieb am Leben, um solchen Tod immer wieder zu besingen: „Verstrickt in solche Qualen, halb verschuldet,/Geb ihm ein Gott zu sagen, was er duldet."[20] Der letzte Vers ist eine

---

18 Eckermann, S. 323; vgl. auch Hans Mayer: *Goethe*. Leipzig: Reclam, 1987, S. 19
19 Goethe: *Briefe aus der Schweiz. Erste Abteilung*. In: BA, Bd. 12, S. 478
20 BA 9, S. 251

Variation aus dem Schluss des *Tasso*: „Und wenn der Mensch in seiner Qual verstummt,/Gab mir ein Gott, zu sagen, wie ich leide." (*Torquato Tasso,* Vers 3432 f.), den Goethe variiert („was ich leide") und dem zweiten Gedicht der Trilogie *Elegie* als Motto voranstellte.

Es ist ein Leitmotiv in Goethes Schaffen: Alle Enttäuschungen, Verluste und Entsagungen werden durch den Dichter, durch das Bewahren der Vorgänge in Dichtung aufgehoben, der durch sie ausgelöste Schmerz mit Dichtung überwunden. „Aufgehoben" meint dabei „bewahrt" und „auf eine neue Stufe gehoben".

> Leitmotiv in Goethes Schaffen

2. Textanalyse und -interpretation

2.1 Entstehung und Quellen

Den ersten Plan hatte Goethe schon im Herbst 1772.[21] Anonym erschien der Roman 1774 in zwei Bändchen in Leipzig. Das Titelblatt war von Goethes Freund Oeser gestaltet: Eine kleine Kerze vor einem Spiegel, ein Buch lag daneben.

Über die Entstehung hat Goethe in seiner Autobiografie *Aus meinem Leben. Dichtung und Wahrheit* ausführlich Auskunft gegeben: Im 12. Buch über sein Verhältnis zu den Kestners und Jerusalem, im 13. über die Entstehung des Romans. Die sehr viel später geschriebenen Erinnerungen über seine Zeit vor seiner Ankunft in Weimar 1775 sind allerdings keine sichere Auskunft, sondern wie meist bei Autobiografien ist es eine Wunschbiografie.

In den Roman gingen Erlebnisse Goethes von 1772 bis 1774 ein:

Leidenschaft für Charlotte Buff

1. Die **Leidenschaft für Charlotte Buff**, die schöne Tochter des Amtmannes zu Wetzlar und Freundin von Goethes Bekanntem Johann Georg Christian Kestner.[22] Goethe hatte sie am 9. Juni 1772 bei einem Ball in Volpertshausen kennen gelernt.

---

[21] In Goethes *Schemata zur Biografie* (1809) vermerkt er „Lotte. Werther" unter 1771, ein Irrtum, da er Lotte zu dem Zeitpunkt nicht kannte, den Werther nochmals 1772. Vgl. BA 13, S. 851 und Reuter, S. 87–92

[22] Goethe nennt sie Kestners Verlobte, Kestner dementiert das mehrfach entschieden und wünscht bei der Überarbeitung des Romans eine entsprechende Änderung, die Goethe aber nicht vornimmt. Am Kammergericht nannte man Kestner „den Bräutigam" (BA 13, S. 583). Wenn Kestner eine Richtigstellung versucht, entspricht das den Zeitbedingungen: Eine ausgesprochene Verlobung war ein juristisch einklagbares Eheversprechen. Vgl. dazu die für die Goethe-Zeit aufschlussreiche Untersuchung von Eckhardt Meyer-Krentler: *Die verkaufte Braut*. In: Lessing Yearbook. Wayne State University Press, 1984, S. 95–123, besonders S. 99 und 108

2.1 Entstehung und Quellen

Es begann eine enge, spannungsvolle Beziehung zu ihr und Kestner. Als Goethes Beziehung dem jungen Paar gefährlich wird, verlässt Goethe Wetzlar. Vielleicht ist er aber gegangen, als „er spürt, dass der Freund Kestner womöglich bescheiden zurücktreten und ihm die Bahn freimachen könnte! Das will er gewiss nicht."[23] Lotte und Kestner heirateten 1773. Die Liebesgeschichte ist wie der Roman berühmt geworden; Thomas Mann griff darauf in seinem Roman *Lotte in Weimar* zurück.

2. Im September 1772 verließ Goethe ohne Abschied Wetzlar und besuchte auf dem Heimweg nach Frankfurt die Familie La Roche; dort verliebte er sich in die sechzehnjährige **Maximiliane La Roche**, die spätere Mutter von Bettina und Clemens Brentano. Als Maximiliane im Januar 1774 den Kaufmann Peter Anton Brentano heiratete und nach Frankfurt zog, war Goethe für kurze Zeit häufiger Gast im Hause, bis der Ehemann ihm das Haus verbot.

> Maximiliane La Roche

3. Schließlich gehörte der **Selbstmord des Legationssekretärs Karl Wilhelm Jerusalem** dazu, der sich am 30. Oktober 1772 erschoss. Goethe kannte ihn seit 1765 aus Leipzig, traf ihn als Kollegen in Wetzlar wieder und saß mit ihm in der Ritterrunde, in der er „Götz", Jerusalem „Masuren" hieß.[24] Sein Schicksal bot das Handlungsgerüst, ein Abbild Jerusalems ist Werther nur bedingt, teils auch ein Zerrbild: Dem bürgerlichen Jerusalem wurde der Zutritt zur Adelsgesellschaft verwehrt, er hatte Ärger mit sei-

> Selbstmord des Legationssekretärs Karl Wilhelm Jerusalem

---

23 Friedenthal, S. 145
24 Ein Freund aus Wetzlar, August Siegfried von Goué (1742–1789), schrieb ein Stück in der Nachfolge des *Werthers* mit dem Titel *Masuren oder der junge Werther* (1775).

2.1 Entstehung und Quellen

> nem Gesandten und sich unglücklich in die Frau des Pfalz-Lauternschen Gesandtschaftssekretärs Philipp Jakob Herd (1735–1809) verliebt. Kestner gab Goethe Bericht vom Schicksal Jerusalems. Die **letzten Worte des Romans** stammen daraus: „… kein Geistlicher hat ihn begleitet."

Jerusalem beurteilte Goethe nicht freundlich, während der Leipziger Zeit sei er ein „Geck" gewesen und nun „außerdem Frankfurter Zeitungsschreiber"[25]. Lessing war zornig über Goethes Bild von Jerusalem. Dessen Charakter wäre verfehlt, er sei kein empfindsamer Narr, „sondern ein wahrer nachdenkender Philosoph"[26] gewesen. Freunde rechneten Lessing zu den Feinden Goethes.[27] Er sagte über Nicolais Parodie, dass sie nicht besser als Goethes Roman, „doch klüger" sei.[28] Lessing entschloss sich, Jerusalems *Philosophische Aufsätze* (1776) mit einem eigenen Vorwort zu veröffentlichen. Darin bescheinigte er Jerusalem „das Talent, die Wahrheit bis in ihre letzte Schlupfwinkel zu verfolgen."[29]

Die biografischen Erlebnisse wirkten sich im Roman unterschiedlich aus. Auch wenn die Handlung insgesamt aus Goethes Streben nach bürgerlicher Selbstverwirklichung und der Liebe zu Charlotte Buff stammte, wurden die einzelnen Episoden aus unterschiedlichen Lebensläufen genommen:

---

25 *Jerusalem an Eschenburg* am 18. Juli 1772, Bode, Bd. 1, S. 29
26 Brief vom 4. März 1775 von Weisse. In: Bode, Bd. 1, S. 107
27 Bode, Bd. 1, S. 124
28 Lessing an Christoph Martin Wieland am 8. 2. 1775. In: Gotthold Ephraim Lessing: *Gesammelte Werke in zehn Bänden*. Hg. von Paul Rilla, Berlin: Aufbau-Verlag, 1957, 9. Bd., S. 630
29 Karl Wilhelm Jerusalem: *Philosophische Aufsätze* (1776). Mit G. E. Lessings Vorrede und Zusätzen. Neu hrsg. von Paul Beer. Berlin: B. Behr, 1900, S. 3. Vgl. auch Rothmann, S. 106 f.

2.1 Entstehung und Quellen

Erstes Buch:	Zweites Buch:
Werther = Goethe	Werther = Jerusalem
Lotte = Charlotte Buff	Lotte = Elisabeth Herd (1741–1813), Frau des Gesandtschaftssekretärs Herd
Albert = Kestner	Albert = Herd

Einige literarische Beziehungen[30], die für die Entstehung wichtig sind, nennt der Roman selbst: Im Herbst 1771 übersetzte Goethe die *Gesänge von Selma* aus dem *Ossian* und schenkte sie Friederike Brion; sie wurden überarbeitet in den Roman aufgenommen. Die Tradition des Briefromans hatten Samuel Richardsons *Clarisse* (1747–48) und ihm folgend Rousseaus *Julie oder Die Neue Héloise* (1761) vorgegeben. Sie hatten neben der Form Möglichkeiten gezeigt, die Romanhandlung durch Beschreibungen vor allem der Natur und Reflexionen über Sinnlichkeit und Leidenschaft zu ersetzen.

> literarische Beziehungen

> Tradition des Briefromans

J. M. R. Lenz, in seiner Frühzeit mit Goethe verglichen und verwechselt, erkannte die Vielschichtigkeit von Goethes Roman, der sich nicht auf einige Vorbilder reduzieren ließ: „Dazu ist's nicht genug die *Héloise* und ein paar Romane von Fielding und Goldsmith gelesen zu haben –"[31]. Von strukturellem Einfluss war Marie Sophie von La Roches Roman *Geschichte des Fräuleins von Sternheim. Von einer Freundin derselben aus Original-Papieren und anderen zuverlässigen Quellen gezogen.* (Hg. von C. M. Wieland, 1771). Mit ihr verband Goethe sein „belletristisches und sentimentales Streben" (BA, Bd. 13, S. 599).

---

30 Die literarischen Beziehungen sind umfangreich. Es gehören neben den genannten Namen noch Swift, Young, Sterne u. a. dazu. Vgl. Reuter, S. 92
31 Lenz: *Briefe*, ebd., Bd. 2, S. 690

2.1 Entstehung und Quellen

Goethes Roman entstand in kurzer Zeit vom 1. Februar 1774 an. Nach seiner eigenen Aussage benötigte er lediglich vier Wochen für die Niederschrift.[32] Am 14. Februar 1774 teilte Goethes Freund Merck bereits seiner Frau mit, Goethes Roman werde zu Ostern erscheinen.[33] Indizien lassen eine Entstehungszeit bis Ende April vermuten. Was in den Roman an Vorbildern einging, war in Goethes Kopf vorhanden; während der Niederschrift hatte er kaum Gelegenheit, anderes zu lesen.

Nach seiner Ankunft in Weimar 1775 begann Goethe seinen Roman vermehrt kritisch zu betrachten. Er sah ihn zunehmend als fremd an. Im November 1782 begann er mit der Umarbeitung des Romans, die er im Juni 1783 vorläufig und 1786 vor der Reise nach Italien endgültig abschloss. In einem Brief an Charlotte von Stein schrieb er fast zynisch am 25. 6. 1786, er „finde immer, dass der Verfasser übel getan hat, sich nicht nach geendigter Schrift zu erschießen"[34]. Es war das einzige Mal, dass Goethe vor der Neuausgabe 1824 seinen Roman nochmals las. Die Umarbeitung brachte als Erweiterung die Bauernburschenepisode; sonst wurden Werther und Albert aufgewertet, der Herausgeber zurückgenommen. Erfahrungen aus dem Weimarer Jahrzehnt seit 1775 und Beziehungen wie die zu Charlotte von Stein hatten keinen auffallenden Einfluss. Der außerordentliche Erfolg des Buches sollte nicht gefährdet und gleichzeitig der Roman nicht zu nahe an seine neuen Positionen herangeführt werden. Was bei der *Iphigenie* unausbleiblich war, musste beim *Werther* unterbleiben. Goethe nahm die Umarbeitung vor, ohne „die Hand an das zu legen was so viel Sensation gemacht hat"; er wollte lediglich den

> Umarbeitung des Romans

---

32 *Dichtung und Wahrheit*. In: BA 13, S. 631. - Die eigenen Aussagen sind allerdings ungenau: So will er dem Verleger das Manuskript unmittelbar nach der Hochzeit seiner Schwester geschickt haben; diese war aber am 1. 11. 1773. (*Dichtung und Wahrheit*, BA 13, S. 633)
33 Bode, Bd. 1, S. 54
34 An Charlotte von Stein am 25. 6. 1786. In: Reuter, S. 107

2.1 Entstehung und Quellen

Roman „noch einige Stufen höher" schrauben, wie er am 2. Mai 1783 an Kestner schrieb.[35]

Der Plan von 1796 *Werthers Reise (Briefe aus der Schweiz. Erste Abteilung)* wollte durch Briefe einer Schweizreise eine Vorgeschichte der Leiden Werthers schaffen (s. S. 18), das zerschlug sich.[36] Goethe schrieb über die Schweiz, über Kunsterlebnisse und anatomische Studien: „In dem Fragment von Werthers Reisen … habe ich diesen Gegensatz der schweizerischen löblichen Ordnung und gesetzlichen Beschränkung mit einem solchen, im jugendlichen Wahn geforderten Naturleben zu schildern gesucht (s. S. 18)."[37]

> Plan von 1796

Die ständige Präsenz des Themas wurde in Goethes Zeugnissen und Briefen bestätigt. Am 3. 12. 1812 schrieb er an Zelter: „Ich getraute mir, einen neuen Werther zu schreiben, über den dem Volke die Haare noch mehr zu Berge stehn sollten als über den ersten."[38]

> ständige Präsenz

Als 1824 eine Jubiläumsausgabe des *Werthers* vorbereitet wurde, schrieb Goethe die Elegie *An Werther*: Nun erst war der Themenkreis des Romans abgeschlossen.

> 1824 eine Jubiläumsausgabe

An der Entstehung war auch die frühere Homer-Rezeption Goethes beteiligt; durchgehend kommt der Titelheld auf seine Homer-Lektüre zu sprechen. Wahlheim wird die idyllische, harmonische Welt in Analogie zu Gesängen aus der *Odyssee*. Bei aller Neigung zu Homer findet Goethes Werther kein Wort über die Kriege der *Ilias*.[39] Homer entspricht im zweiten Buch des Romans *Ossian*, mit dem Goethe in Straßburg durch Herder bekannt geworden war.

---

35 Vgl. Goethe: *Die Leiden des jungen Werthers*. In: BA 9, S. 631
36 Eckermann, S. 671. Vgl. dazu: Rothmann, S. 123–5
37 *Dichtung und Wahrheit*, BA 13, S. 804
38 Zit. bei Reuter, S. 109
39 Vgl. Volker Riedel: *Goethe und Homer*. In: Wiedergeburt griechischer Götter und Helden. Homer in der Kunst der Goethezeit. Mainz: Verlag Philipp von Zabern, 1999, S. 244

2.2 Inhaltsangabe

Die Inhaltsangabe bezieht sich auf die zweite Fassung. Wesentliche Unterschiede beider Fassungen (1774, 1786) stehen in Anmerkungen.[40]

Herausgeber

Ein Herausgeber hat alles von Werther gesammelt und legt es vor. Indem er vom „armen Werther" (S. 3) schreibt, wird dessen Schicksal angedeutet. Ein glücklicher Ausgang ist nicht zu erwarten. Der Herausgeber schaltet sich anfangs zurückhaltend, am Ende bestimmend in die Brieffolge ein, begründet Auslassungen und verweist auf zusätzliche Lektüre. Die fortlaufend datierten Briefe bzw. Eintragungen lassen eine chronologisch verlaufende Handlung erkennen.

Erstes Buch

Es reicht vom Wonnemonat Mai bis zum Frühherbst im September 1771; die jahreszeitlichen Angaben sind von Bedeutung und entsprechen der Verfassung Werthers. Auch Goethe fühlte sich abhängig von Jahreszeiten und Barometerschwankungen und beobachtete sie auch des eigenen Befindens wegen.

Briefe vom Mai: Werther berichtet im ersten Brief vom 4. Mai 1771 von einer Flucht vor Schicksal, Angst und einer Leonore, die in Leidenschaft zu ihm entbrannt war. Er ist als juristischer Vertreter in Erbschaftsangelegenheiten und geschäftlichen Interessen der Mutter unterwegs. Nebenbei malt

---

[40] Zitiert wird nach der zweiten Fassung: Johann Wolfgang Goethe. *Die Leiden des jungen Werther*. Stuttgart: Philipp Reclam jun. (Universalbibliothek Nr. 67), 2001, durch nachgestellte Seitenangaben. Wesentliche Unterschiede zur ersten Fassung werden ausgewiesen nach *Die Leiden des jungen Werthers*. In: BA 9, S. 7–118

er. Der Leser erfährt einiges über Werthers Entwicklung und Tätigkeit, so verwendet Werther mehrfach relativ abgelegene juristische Begriffe. Die Parallelität zum jungen Goethe, der seit 1771 sein Jurastudium abgeschlossen hatte und Advokat war, in Frankfurt die Verwaltung des Familienvermögens erlebte und zudem zeichnete, ist auffallend. Der sensible Werther genießt Natürlichkeit und Schönheit der idyllischen Landschaft; er liest Homers *Odyssee* und verzichtet sonst auf Bücher, vielleicht Lehr- oder Fachbücher (Lotte spricht bei ihrer Trennung von seinen „Wissenschaften", S. 126), die ihm Wilhelm nachschicken will.

Werther lobt die Einsamkeit, sieht sein Leben in Übereinstimmung mit der Natur – es ist Frühling – und eröffnet damit die Vergleiche zwischen seinem Leben und den Jahreszeiten. Seine Erlebnisse lassen ihn den Tod einer lieben Freundin leichter überwinden.[41] Dagegen lehnt er die Stadt – eine Kleinstadt der Art Wetzlar – ab und zieht einen englischen Garten und die Dichtungen Homers vor. Unter den Menschen, die er kennen lernt und von denen er die schlichten, fleißigen Bürger und einfachen Bauern bevorzugt, ist ein Amtmann, von dessen ältester Tochter „man viel Wesens" mache (S. 12). Er wird auf den Jagdhof, den der Amtmann bewohnt, eingeladen. – In dem Dorf Wahlheim, wo er sich oft aufhält, treibt er Studien, porträtiert ein kindliches Knabenpaar nach der Natur und spricht mit dessen Mutter. Es ist die erste Parallelhandlung, die beginnt. – In der Landschaft und unter dem einfachen Volk glaubt Werther sich frei bewegen zu können. Auch Liebe und Kunst sind ihm nur in Freiheit möglich, Ämter und alltägliche Arbeit wahrzunehmen verlangt nach Pflichtgefühl, schließt aber Kunst und Lie-

> Übereinstimmung mit der Natur

> Parallelhandlung

---

41 Tod Henriette von Roussillons am 18. April 1773. Goethe hatte die Hofdame als Urania in Mercks Kreis erlebt.

be aus. – Er lernt in dem Ort einen Bauernburschen kennen, der bei einer Witwe arbeitet und diese verehrt. Werther ist von dessen Leidenschaft und Neigung überrascht.[42] Damit beginnt die zweite Parallelhandlung.

Mit diesem Brief schließt die **Exposition** ab: Die Hauptpersonen sind eingeführt, denn bei der „ältesten Tochter" des Amtmanns handelt es sich um Charlotte; die Parallelhandlungen zur Liebesgeschichte von Werther und Lotte, die der Kinder und des Bauernburschen, sind eröffnet.

Briefe vom Juni: Erst am 16. Juni schreibt Werther. Er begründet den Zeitverzug mit Lotte, der er begegnet ist. Allerdings kann er das nicht geordnet beschreiben, sondern schreibt elliptisch (unvollständig), fragmentarisch und unkonzentriert: Alle seine Sinne werden vom Gefühl übermannt. Werther hat „das reizendste Schauspiel" erlebt, „das ich je gesehen habe" (S. 22). Lotte, schon im Ballkleid[43], schneidet ihren Geschwistern Brot. Auf der Fahrt zum Ball kommt es zu einem Gespräch über Literatur; Lotte liest bevorzugt empfindsame Romane der Art Richardsons und Goldsmith' *Der Landprediger von Wakefield* (1766). Auf dem Ball tanzen Werther und Lotte oft miteinander. Warnend wird Lotte dabei von Freunden der Name „Albert" zugerufen. Ein einsetzendes Gewitter lässt die Ballbesucher mit Pfänderspielen die Zeit vertreiben. Am Ende des Gewitters fühlen Lotte und Werther innige Übereinstimmung: „... ich sah ihr Auge tränenvoll, sie legte ihre Hand auf die meinige, und sagte

---

42 Die Bauernburschenepisode ist in der ersten Fassung nicht vorhanden; ihre Einführung zeigt, wie Goethe die Handlung stärker organisierte und die in einem Briefroman in der Regel schwach entwickelte äußere Handlung durch die Parallelhandlungen aufwertete.

43 Das Ballkleid Lottes ist berühmt geworden wie die Werther-Kleidung: Es ist „ein simples weißes Kleid, mit blassroten Schleifen an Arm und Brust" (S. 22); später schenken Lotte und Albert Werther eine der Schleifen zum Geburtstag (S. 63), mit der Werther begraben sein will. Als Thomas Mann die Begegnung zwischen Goethe und Lotte von 1816 in dem Roman *Lotte in Weimar* beschrieb, ließ er sie „in dem weißen, fließenden, aber nur knöchellangen, vor der Brust mit einer Agraffe faltig gerafften Kleide mit dem blassrosa Schleifenbesatz" erscheinen (Berlin: Aufbau, 1963, S. 357).

– Klopstock!" (S. 30). – Nach der Heimkehr vom Ball gestattet Lotte Werther, sie am gleichen Tag besuchen zu dürfen. Seither hat Werther kein Zeitgefühl mehr „und die ganze Welt verliert sich um mich her" (S. 31). Homers *Odyssee* bestätigt ihn in seinem „patriarchalischen Leben" (S. 33), in dem Lottes Geschwister einen festen Platz bekommen haben. Die Liebeshandlung hat einen Höhepunkt erreicht. Der Name „Albert" aber war gefallen, mit dem Lotte „so gut als verlobt" (S. 28) ist. Konflikte sind ahnbar.

Briefe im Juli: Die Konflikte brechen langsam auf. Zuerst ändert sich Werthers Diktion: Sein Herz sei übler dran als „manches, das auf dem Siechbette verschmachtet" (S. 34); er glaubt, Lotte liebe ihn, wird aber wegen seiner Gefühle mehrfach von ihr gerügt. Lotte spricht einem kranken Pfarrer Trost zu und verschönt einer sterbenden Freundin ihren Tod. Werther kommen Ahnungen sich „eine Kugel vor den Kopf" zu schießen (S. 45), die Lotte mit Klavierspiel zu zerstreuen weiß. Auf dem Pfarrhof erfahren Lotte und Werther die Geschichte der „schönen" Nussbäume (3. Parallelhandlung), die später sterben müssen. – Wilhelm und Werthers Mutter versuchen, Werther aus der Bindung zu lösen und ihm eine diplomatische Stellung einzureden. Mit der Ankunft Alberts, der ein Amt einnehmen wird, beschließt Werther zu gehen; der innere Konflikt Werthers bricht aus.

Briefe im August: Wilhelm wirkt auf Werther ein, sich von Lotte zu trennen. Werther weiß um Wilhelms Sorge und dass er selbst „ein Tor" ist (S. 51). Aber sein Ringen um Liebe oder Verzicht geht intensiv weiter. Vor einem Ausflug ins Gebirge borgt sich Werther Alberts Pistolen. Dabei sprechen sie über den Selbstmord, den Albert verurteilt, Werther aber verteidigt. Er vergleicht ihn mit dem Aufstand eines unterdrückten Volkes, weil in beiden Fällen das Leid ein Maßstab sei. Wer-

2.2 Inhaltsangabe

ther erzählt die Geschichte vom ertrunkenen Mädchen und bringt damit eine weitere Parallelhandlung in den Roman ein: Ein junges und solides Mädchen wird von einem Mann, dessen Frau sie werden will und nach dem sie sich sehnt, verlassen; ohne andere Möglichkeiten zu prüfen, geht sie in den Tod. Albert erklärt das mit mangelndem Verstand.

An seinem Geburtstag, wie der Goethes und Kestners am 28. August, stilisiert Werther seinen Zustand zur Krankheit, um mit Mitleid von Lotte rechnen zu können. Lotte und Albert schenken ihm eine Schleife des Kleides, in dem er Lotte zuerst traf, und eine handliche Homer-Ausgabe. Werthers Verwirrung wird noch größer und er sucht Fluchtwege in „die einsame Wohnung einer Zelle" oder gar in „das Grab" (S. 66). Die Konfliktsituation hat einen Höhepunkt erreicht und zwingt zur Lösung.

Briefe im September: Werther verlässt Lotte und Albert. In einer letzten Begegnung am 9. September 1771 schweigt er beiden gegenüber von seinem Vorhaben, aber über dem Treffen liegt die Schwermut des Abschieds, „das Gefühl von Tod" (S. 68). Lotte bringt im Angesicht des nächtlichen Mondscheins das Gespräch auf Verstorbene und die geistige Begegnung mit ihnen. Es ist eine Situation, die die Liebenden aus dem Klopstock-Gedicht *Die frühen Gräber* (1764) kennen.[44] Goethe verließ Wetzlar ebenso abschiedslos am 11. September 1772 und hatte am 10. September über das Wiedersehen im Jenseits an Charlotte einen Brief geschrieben.

---

44 „Ihr Edleren, ach es bewächst/Eure Male schon ernstes Moos!/O wie war glücklich ich, als ich noch mit euch/Sahe sich röten den Tag, schimmern die Nacht." Schlussstrophe des Gedichtes von Klopstock

2.2 Inhaltsangabe

Zweites Buch

Briefe im Oktober, November und Dezember 1771

Werther ist freudlos im diplomatischen Dienst. Sein Dienstherr ist ein korrekter Beamter und Werther wird durch die „fatalen bürgerlichen Verhältnisse" (S. 76) gestört. Ordnung und Genialität stoßen aufeinander; das führt zu weiteren Konflikten. Werther kann sie überstehen, weil er im Grafen C. einen Vertrauten und im Fräulein von B. eine Art Lotte-Ersatz findet.

Briefe im Januar und Februar 1772

Werther ist mit der gesellschaftlichen Hierarchie immer unzufriedener, fühlt sich als Marionette und sieht sich wieder verstärkt auf die Liebe zu Lotte verwiesen, die aber inzwischen zur Flucht und Rückzugsposition aus der Gesellschaft geworden ist. Aus einer Bauernherberge inmitten von Schnee und Eis, Sinnbild der natürlichen Einsamkeit im Gegensatz zu den sozial und gesellschaftlich organisierten Orten, schreibt er ihr. Die Spannung mit dem Gesandten steigt. Werther wird von der Nachricht überrascht, dass Lotte und Albert geheiratet haben. Er hatte sich vorgenommen, an diesem Tag „Lottens Schattenriss" (S. 81) von der Wand zu nehmen und unter anderen Papieren zu begraben, nun bleibt der Schattenriss, der für den Roman zentrale Bedeutung hat.

> Sinnbild der natürlichen Einsamkeit im Gegensatz zu den sozial und gesellschaftlich organisierten Orten

Briefe im März und April

Werther erlebt eine tiefe Demütigung. Bei einem Empfang einer Adelsgesellschaft wird er brüskiert und vertrieben, weil er subalterner Angestellter und nicht standesgemäß ist. Die Schuld an dem „Verdruss" gibt er der gesellschaftlichen Hierarchie, vor allem dem überholten und fast zur Karikatur erstarrten Feudaladel, aber auch jenen, die ihn in diese Hierarchie drängten (Wilhelm, die Mutter). Besonders erregt ihn, dass dadurch auch seine Beziehung zu Fräulein B. zerstört wird, der man ihre nicht standesgemäße Beziehung zu Werther verübelt. Ihn ärgert, dass man überall davon spricht und die Neider triumphieren. Werther verlangt seine Entlassung aus höfischem Dienst, die ihm genehmigt wird.

Briefe vom Mai bis September
Werther besucht seinen Geburtsort; Einzelheiten wie die Linde vor der Stadt (S. 87)[45] und das Stadttor deuten auf Frankfurt a. M. hin. Von dort reist er auf das fürstliche Jagdschloss eines Gönners, der ihn eingeladen hat. Werthers Absicht indessen ist, mit dem Fürsten in den Krieg zu ziehen. Der Fürst rät ihm ab. Werther verlässt den Fürsten und strebt in die Nähe von Lotte. In Gedanken spielt er durch, wie sich Lotte als seine Frau ausnähme. Auf dem Weg zu Lotte erlebt er, wie die Parallelhandlungen umgeschlagen sind: Eines der Kinder, das von Werther gemalte, ist gestorben und der Vater hat seine Erbschaft nicht erhalten. Der Bauernbursche ist vom Bruder der Witwe aus dem Haus gejagt worden als er versuchte, im Sinnenrausch die Bäuerin zu vergewaltigen. Die Nussbäume sind abgehauen worden. Werther lebt nicht nur im Herbst, sondern fühlt Herbst „in mir und um mich her" (S. 93). Sogar der Wunsch nach Alberts Tod drängt sich auf, zumal er Albert als Mann Lottes für ungeeignet hält: Ihm fehle Gefühl. – Werther hat sich seine Tracht neu anfertigen lassen und begegnet am 12. September wieder Lotte, während die Freundschaft zu Albert abgekühlt ist. Dafür macht Lotte ihm verführerische Zugeständnisse: Ihr Kanarienvogel, der erst ihren Mund küsste, trägt den Kuss zu Werther.

---

45 Vgl. *Dichtung und Wahrheit*, BA 13, S. 30

Briefe im Oktober und November

Werther fühlt sich in der Nähe Lottes scheinbar wohl; aber er verändert sich innerlich: Homer wird von Ossian abgelöst, statt der hellen Antike begeistern ihn nun Nacht- und Grabesstimmungen Altschottlands. – Zunehmend sinnt er über den eigenen Tod nach. Er betrauert die Vergänglichkeit und das schnelle Vergessen. Gleichzeitig will er Lotte einmal um den Hals fallen. Der Briefempfänger Wilhelm ist irritiert und rät ihm, sich zurückzuhalten, weist ihn vermutlich auf die Religion. Werther respektiert das („Ich ehre die Religion", S. 105), lehnt für sich aber den Trost der Religion ab. Zunehmend isoliert sich Werther: Von Begegnungen, Besuchen oder Wanderungen ist keine Rede mehr. Nur eine Begegnung mit einem Wahnsinnigen unterbricht die quälenden Überlegungen, aber in diesem Wahnsinnigen findet er sich selbst gespiegelt. Alles dreht sich für Werther nur noch um Lotte, wobei er spürt, „dass sie ein Gift bereitet, das mich und sie zugrunde richten wird" (S. 106).

Briefe im Dezember

Drei kurze Briefe in schneller Folge sind Zusammenfassung der Ereignisse und Ankündigung des Endes. Zuerst erfährt Werther, dass der Wahnsinnige, dessen Schicksal dem seinen gleicht, Lotte liebte. Er war auch Schreiber bei Lottes Vater. – Werther ist an der Grenze des Erträglichen und flüchtet vor einer nicht mehr zu meisternden Liebesszene (S. 112). – Werther steht vor dem Ausbruch des Wahnsinns.

2.2 Inhaltsangabe

Der Herausgeberbericht

Der Herausgeberbericht

Es bleiben bis zu Werthers Selbstmord sechzehn Tage[46], über die der Herausgeber berichtet. Werther, oft in Lottes Nähe, lebt in „ewigem Unfrieden" (S. 116) mit sich selbst, weil er sich als Störenfried der Kestner-Ehe sieht und gleichzeitig die Sinnlosigkeit seiner Liebesbemühungen erkennt. Werther wird tief getroffen, als er vom Mord des Bauernburschen erfährt und die Parallelhandlung damit ihren Höhepunkt und Abschluss erlangt. Er notiert sich, nachdem sein Rettungsversuch für den Knecht gescheitert ist: „... ich sehe wohl, dass wir nicht zu retten sind." (S. 119) Werther hat nun auch seine juristische Korrektheit aufgegeben, als er den Knecht außerhalb der Gesetze stellen oder ihm mindestens zur Flucht verhelfen wollte. Auf einem Zettel findet sich eine weitere Erkenntnis: „... ich kann nicht gerecht sein." (S. 120) Er versinkt in „Schmerz und Untätigkeit". Albert bittet Lotte, Werthers Besuche einzuschränken. Aus dem Wonnemonat Mai vom Beginn ist nun eine Landschaft „ohne Laub", „entblättert" mit „Grabsteinen" im Schnee (S. 117), von einer Flut verwüstet (S. 122) geworden. Am 20. 12. bittet Lotte Werther, vor Heiligabend nicht mehr zu kommen. Er beginnt einen mehrfach unterbrochenen Abschiedsbrief an Lotte. Am 21. 12. besucht Werther Lotte; Albert ist verreist wie bei Beginn ihrer Bekanntschaft. Die Szene wiederholt

Die Szene wiederholt sich

---

46 Die Zahlen 15 und 16 spielen im Roman eine große Rolle: Der wichtigste Brief wird am 16. 6. 71 geschrieben, die zweitwichtigsten am 15./16. 3. 72. Die Abstände der Episoden von Parallelhandlungen betragen ca. 15–16 Monate (Bauernbursche 30. 5. 71–4. 9. 72; die Knaben 26. 5. 71–4. 8. 72, Nussbäume 1. 7. 71–vor 15. 9. 72, ertrunkenes Mädchen/wahnsinniger Blumenpflücker: 12. 8. 71–30. 11. 72). Werther trifft Lotte 15 Monate nach der ersten Begegnung wieder: Juni 1771–September 1772. Albert kommt vor dem 30. 7. 71 und geht am 21. 12. 72. Werthers Abschiede liegen 15 1/2 Monate auseinander: 10. 9. 71 Flucht von Lotte – 23. 12. 72 Tod. Goethe hat im *Faust* ein Zauber-Quadrat (das Planetensiegel Sigilla Saturni) eingebaut, dessen Quersumme immer 15 aufweist. Die Zahlensymbolik im *Werther* verweist die Handlung auch auf ein magisches Schicksal.

sich: Man tanzt kein Menuett, aber Lotte spielt eines, statt von Klopstock spricht man nun von Ossian. Werther liest seine Übersetzung Ossianscher Gesänge vor und beide geraten in einen Rausch, der in eine Liebesszene umschlägt („Die Welt verging ihnen.", S. 142), von der Werther eine Woche zuvor bereits geträumt hat (S. 123). Lotte weist ihn aus dem Haus. Am 22. 12. schreibt Werther an seinem Abschiedsbrief weiter und borgt sich von Albert nach 16 Monaten (11. 8. 71 – 22. 12. 72) wiederum Pistolen. Seinen Brief mit der Bitte hat Goethe fast wörtlich von Jerusalem übernommen, der sich von Kestner Pistolen erbat: „Dürfte ich Euer Wohlgeboren wohl zu einer vorhabenden Reise um Pistolen gehorsamst ersuchen? – J."[47]

Am 22. Dezember um Mitternacht erschießt sich Werther, gekleidet in seine Tracht und Lessings *Emilia Galotti* auf dem Lesepult. Er wird noch lebend am nächsten Tag 6.00 gefunden, stirbt 12.00 und wird 23.00 beerdigt. Aus Kestners Bericht über Jerusalems Tod nahm Goethe den Schluss: „Handwerker trugen ihn. Kein Geistlicher hat ihn begleitet." (S. 154)

---

47 Michel, S. 92

2.3 Aufbau

Der Roman besteht aus zwei Büchern und wird vorwiegend durch Briefe organisiert. Dabei wird keiner Korrespondenz gefolgt, sondern es sind Briefe Werthers an seinen Freund Wilhelm, drei an Lotte und einer an Albert und Lotte. Deren Antworten erfährt der Leser aus Reaktionen. Gesammelt hat das Material ein fingierter Herausgeber, der auch von Werthers Ende berichtet. Zahlreiche Briefe können auch ohne Adressaten existieren, scheinen sich an Werther selbst zu richten („Was das für Menschen sind ...", S. 77) oder stammen aus Werthers Tagebuch, von dem er spricht (S. 51). Solche vor allem kurzen Eintragungen nehmen gegen Ende zu, als vermeide Werther briefliche Kontakte und begnüge sich mit dem Selbstgespräch (S. 100, 101, 102, 106, 111). Der Roman ist in erster Linie „ein episch-lyrischer Monolog"[48].

> Werthers Tagebuch

Er entwickelt sich **aufsteigend** aus der „natürlichen" Natur („paradiesische Gegend", S. 6) über den „natürlichen" Menschen („Mädchen aus der Stadt", S. 8) und eine „natürliche" Kunst (Homer, Zeichnen nach der Natur) zu einer „natürlichen" Gesellschaft" („die geringen Leute des Ortes", S. 9) und einer „natürlichen" Liebe (zu Lotte: „meine Seele" anzogen, „Träumen" usw., S. 25). Diese Liebe ist Gipfel der Natürlichkeit, weil ohne Konventionen auskommend; sie wird auch Werthers letzter Fluchtort.	Er führt **fallend** über eine „unnatürliche" Gesellschaft („garstiges Volk", S. 75 und Adelsgesellschaft, S. 82), eine „unnatürliche" Kunst (das „garstige wissenschaftliche Wesen" und die „gestempelten Kunstworte", S. 90) und „unnatürliche" Menschen („wunderliche Menschen", S. 89) zu einer erstarrten („ohne Laub", „entblättert", S. 117) und vernichtenden („wühlende Fluten", S. 122) Natur und über eine „unnatürliche" Liebe (zu Lotte: „Verzweiflung", Sinnesverwirrung „unsinnig" usw., S. 141 f.) zur Katastrophe.

[48] Reuter, S. 93

Diese steigende und fallende Handlung setzt den Grundgedanken Goethes vom ständigen **Stirb und Werde** um. Er findet sich durchgehend in seinem Werk und wurde 1814 auf diese Formel in dem Gedicht *Selige Sehnsucht* gebracht. Werther flieht durch den Tod aus einer ihn umstellenden Unnatürlichkeit, die ihn krank gemacht hat und in die nun auch Lotte eintritt. Sie ergibt sich aus der sozialen Ordnung, deren Normen und einem erstarrten Menschenbild. Aber Werther glaubt an eine Wiederkehr: „Wir werden sein!" (S. 145) schreibt er vor seinem Tod an Lotte. Der steigenden und fallenden Handlung entsprechen sprachliche Mittel: Während in der steigenden Handlung der sachliche, fast distanzierte Kommentar des Herausgebers selten eingesetzt wird, übernimmt er am Ende die Organisation der Handlung völlig und tritt in Distanz zu Werther („Die Harmonie seines Geistes war völlig zerstört", S. 114).

> steigende und fallende Handlung

Der **Briefroman** war in der Aufklärung europaweit verbreitet, nahm ein Fünftel der Prosaliteratur des 18. Jahrhunderts ein und stand besonders in England in Blüte.[49] Sein Schreiber war nicht an eine Gattung gebunden, sondern konnte auch lyrische Texte, Dialoge usw. einfügen. Wesentliche Informationen für den Leser werden nicht von einem Erzähler gegeben, sondern als unaufdringliche Erklärungen in die Briefe eingefügt. Dabei darf ihre subjektive Beschaffenheit nicht verloren gehen. **Der auktoriale Erzähler** (der „Macher", der alles weiß) erscheint nur in Anmerkungen oder dem Herausgeberbericht.

Die vom Umfang her ähnlichen zwei Bücher sind kontrastiv angelegt. Das erste Buch beschreibt Erfolge und Freuden Werthers, die immer bedroht sind, das zweite Buch Werthers Niederlagen auf

> Bücher sind kontrastiv angelegt

---

49 Vgl. dazu: Hans Ulrich Seeber (Hg.): *Richardson und der Briefroman*. In: Englische Literaturgeschichte. Stuttgart: J. B. Metzlersche Verlagsbuchhandlung 1991, S. 182–186

2.3 Aufbau

dem Weg zu einem aktiven und erfüllten Leben. Das erste Buch beschreibt eine immer intensiver werdende Handlung, die über fünf Monate in weitgehend gleichmäßigen Abständen von Werther beschrieben wird und mit der Trennung Werthers von Lotte ein Ende erfährt. Das zweite Buch zeigt einen getriebenen Werther, der zu genauem Bericht keine Ruhe mehr hat, dessen Briefe mehr zufällig und sporadisch kommen. Oft schreibt er im Gegensatz zum ersten Buch nur einen kurzen Brief im Monat. Die Handlung scheint auf eine Katastrophe zuzustürzen, statt fünf werden nun bei gleichem Umfang 15 Monate verfolgt.

Todesmotiv

Das Todesmotiv wird planmäßig aufgebaut: Bereits im Brief vom 13. Mai 71 beschreibt Werther sein „empörtes Blut" (S. 9). „... das süße Gefühl der Freiheit" (S. 14) sei es, diesen Kerker verlassen zu können – das ist der Selbstmord. Werthers Überlegung ähnelt der Fausts, der mit dem Freitod die Grenzen seiner Erkenntnismöglichkeit sprengen möchte. Dem Verlauf von höchster Lebens- und Sinnenlust bis zum Höhepunkt und dem Absturz in den Tod entspricht der Wechsel der literarischen Beziehungen: Der Weg führt von Homer zu Ossian.

Die Parallelhandlung des Bauernburschen, die erst in der zweiten Fassung hinzukam, verschafft dem Konflikt und der Abfolge der Todesmotive noch ein retardierendes (verzögerndes) Moment. Werther glaubt das „Ende der Geschichte" (S. 95) zu erleben, als er berichtet, wie der Bauernbursche aus dem Hause verstoßen worden ist. Es war aber nicht das Ende. Das tritt ein, als der Bauernbursche zum Mörder wird. Nun schwankt auch Werther zwischen Mord am Nebenbuhler, wie der Bauernbursche, oder Selbstmord.

Verhältnis von Stadt und Dorf

Die Handlung wird wesentlich organisiert durch das Verhältnis von Stadt und Dorf, Zivilisation und Natürlichkeit. Die entscheidenden Begegnungen mit Lotte vollziehen sich stets auf dem Lande, die Gefährdungen Werthers und seine Zusammenstöße mit den Konventionen treten in den städtischen Gesellschaften auf. Er verkehrt mit dem einfachen Volk und vor allem Kindern; mit den Geschwistern Lottes vergnügt er sich unter Bruch aller Konventionen, löst aber auch das Gerücht aus, er „verderbe" die Kinder (S. 34). Werther durchlebt so den Verlust des schönen Naturzustandes, der durch Lotte seine Vollendung erfährt. Der Verlust des Naturzustandes ist aber auch der Verlust einer sozial befriedigenden Ordnung, wie Werther sie auf dem Lande fand.

2.4 Personenkonstellation und Charakteristiken

Goethes Personenkonstellation wird durch einen **Dreieckskonflikt** bestimmt, wie man den Konflikt zwischen zwei Männern und einer Frau oder umgekehrt bezeichnet. Werther tritt als Dritter in die bestehende Beziehung von Lotte und Albert. Er ist der geschätzte Freund, wird aber zum zerstörerisch wirkenden Liebhaber Lottes. Dabei sind Werther und Albert sich ergänzende Wesen, indem sie sich polar zu entsprechen scheinen. Alberts Zweckmäßigkeitsdenken und sein Verstand stehen Werthers Fantasie und seinem Gefühl gegenüber. Lotte wäre glücklich mit einer Kombination beider. (Eine solche Lösung für einen Mann, die Ehe zu dritt, beschrieb Goethe in *Stella*.) – Der Gedanke des Selbstmords ist für Werther nicht ungewöhnlich, da er durch ihn in die von ihm erstrebte Ewigkeit eintreten kann. Es ist einer der modernsten Vorgänge im Roman, er nimmt Positionen der individuellen Willensentscheidung beim Freitod voraus, wie sie bei Albert Camus und André Gide im 20. Jahrhundert zu finden sind.

Werther

Sein Name wurde verschieden erklärt: Einmal sollte Werther auf den Werder (Halbinsel, Insel) zurückgehen und abgeleitet von „Werth" (Flussinsel) Ausdruck der unaufhebbaren Isolation sein.[50] Zum anderen wurde sein Name als „Steigerung der Werthaftigkeit" erklärt, also als Komparativ zu „wert".[51] Er ist literarischer Held und Briefeschreiber und trägt Züge Goethes, man darf in ihm einen jungen Juristen vermuten: Er

---

[50] Vgl. Klaus Müller-Salget: *Zur Struktur von Goethes Werther.* In: Zeitschrift für deutsche Philologie 100, 1981, S. 529
[51] Wierlacher, S. 269

2.4 Personenkonstellation und Charakteristiken

kümmert sich um Erbschaften und tritt in diplomatisch juristische Dienste. Goethes Fähigkeit des Malens und Zeichnens gab er ihm ebenfalls mit. Werther leidet an der gesellschaftlichen Ordnung, am Leben mit seinen erstarrten Konventionen und Normen und an den Zuständen, in denen es sich vollzieht. Er versucht, diesen Zuständen zu entgehen, aber seine Bestrebungen sind nicht vereinbar mit den vorhandenen Normen. Sein Streben ist ähnlich dem Fausts; er ist ihm auch als Gestalt ähnlich. Sie streben nach Unendlichkeit. Ewigkeit ist ihnen nichts Irdisches, Werthers Weg in den Tod nicht nur ein Opfer, sondern ein schneller Weg in diese Ewigkeit. Das von Werther verwendete Symbol des Pferdes, das sich selbst die Ader aufbeißt, um Luft und die „ewige Freiheit" zu bekommen, steht dafür (S. 85).

Werther lebt in einem Konfliktbündel, das sich auf folgende Polaritäten und konträre Regelwerke konzentriert:

Adelsgesellschaft	Bürgerlichkeit
Wissenschaft (Kunsttheorien)	Kunst (Zeichnen nach der Natur)
Ehe	Liebe
französischer Garten	englischer Garten
Lehr- und Fachbücher	Homer, Ossian
Kummer	Ausschweifung (S. 9)
Melancholie	verderbliche Leidenschaft
Vergangenes soll vergangen sein	Gegenwärtiges genießen (S. 5)

Bei der biografischen Beziehung Werthers zu Goethe fällt auf, dass es bei Werther die Mutter ist, die den Sohn zur Aktivität treibt und um seine Karriere besorgt ist. Gleichzeitig ist Werthers Verhältnis zu ihr distanziert; nicht einmal einen Ab-

2.4 Personenkonstellation und Charakteristiken

schiedsbrief schreibt er ihr wie Lotte, Wilhelm und Albert. Bei Goethe war der Vater der Drängende. Werthers Vater ist schon lange tot. Es gibt im Roman keine Vaterfigur; das ist verwunderlich, schrieb Goethe doch den Roman im Haus seines Vaters: „Die vorsätzliche Ausschaltung des Vaters wirft ... auf das Verhältnis des Autors zu seinem Vater ein merkwürdiges Licht."[52]

Charlotte (Lotte)

Sie ist ein zierliches, blondes, schwarzäugiges und schönes Mädchen, das tüchtig und fleißig den verwitweten Vater und die Geschwister, an denen sie Mutterstelle vertritt, versorgt. Ohne große Bildung, aber durchaus mit Interessen (Lektüre) ist sie frühzeitig in familiäre Verantwortung geraten. Dieser Frauentyp begeisterte Goethe beständiger als andere und fand in Christiane Vulpius seine Krönung. Die blauen Augen Lottes werden allerdings durch die schwarzen Augen der schönen Maximiliane von La Roche ersetzt, der er nach Lotte seine Aufwartung macht. Lotte ist nicht unschuldig an Werthers Tod: Sie hat ihm unmissverständliche Zeichen ihrer Liebe gegeben. Andererseits ist sie gerade durch ihre soziale Situation gezwungen, die gesellschaftlichen Normen wie Ehe zu bedienen und sich in die Konventionen zu fügen.

Albert

ist Lottes Freund; sie gelten als verlobt. Er ist arbeitsam, genau und zuverlässig, folgt verstandesmäßig dem Leben und sieht deshalb in Werther auch keine Gefahr für seine Liebe zu

---

[52] Dagmar von Gersdorff: *Goethes Mutter. Eine Biografie.* Frankfurt am Main und Leipzig: Insel Verlag, 2001, S. 192

2.4 Personenkonstellation und Charakteristiken

Lotte, weil derartige Gefühle für ihn vernünftig zu regeln sind. Lediglich seine Reputation leidet schließlich unter Werthers Besuchen, weshalb er bittet, sie einzuschränken. Im Gegensatz zu Lotte ahnt er nicht, weshalb Werther sich die Pistolen leiht. Selbstmord gehört nicht zu den Alternativen. Albert ist Rationalist und Aufklärer, Werther der Stürmer und Dränger.

Wilhelm

ist der Adressat der meisten Briefe Werthers und dessen Vertrauter. Das bedeutet nicht, dass er ihm stets zustimmt. Er spürt frühzeitig die Gefahren und begegnet ihnen, indem er Werther zu tätiger Arbeit und zu ausgeweiteter künstlerischer Beschäftigung anzuregen versucht. Gegenüber Werther ist er von größerer Rationalität geprägt und kann seine Gefühle sehr viel besser kontrollieren. Er ist gleichzeitig ein Vertrauter und Berater von Werthers Mutter.

2.5 Sachliche und sprachliche Erläuterungen

Da der Sprachstand des Romans mehr als 200 Jahre alt ist, müssten zahlreiche Wörter und Fügungen erklärt werden. Oft lassen sie sich schnell erschließen (*betriegen* – betrügen, *modeln* – formen), vieles ist in Wörterbüchern nachschlagbar (*simpeln* – einfach, unschuldig; *inkommodieren* – belästigen, *Affektation* – gekünsteltes Wesen) und manches ist aus dem Kontext (*schlecht* – krank) zu erklären. Erklärt werden Begriffe, die neben der sprachlichen Bedeutung eine Funktion für die Handlung haben.

Werther/Werthers (S. 1) Beide Formen des Titels sind richtig: Die Erstausgabe 1774 hatte das Genitiv-s. Als zur fünfzigsten Wiederkehr 1824 eine Jubiläumsausgabe herauskam, verzichteten Goethe und der Verlag auf diese Form und setzten die modernere undeklinierte Form „Werther" ein. Sie wurde schließlich auch für die zweite Fassung von 1787 verwendet, die zuerst mit dem alten Titel erschienen war.

Geschichte des armen Werther (S. 3) Der Herausgeber entschließt sich zu einer „epischen Vorwegnahme", indem er das Schicksal Werthers andeutet. Der Herausgeber wird von Werther später als „Bester Freund" u. a. angesprochen, am 22. 5. erfährt der Leser

2.5 Sachliche und sprachliche Erläuterungen

	den Namen: Wilhelm (S. 12). Wilhelm ist ein bei Goethe beliebter Name, der an Personen vergeben wird, die wie Werther Eigenschaften Goethes haben (s. Wilhelm Meister). Wilhelm kann in dem Roman als überlebender, rationaler Goethe, Werther als sterbender, emotionaler gesehen werden. Wilhelm steht auch für die kritische Bewertung Werthers.
Leonore (S. 5)	Zur Zeit der Niederschrift des Romans im Februar 1774 schrieb Goethe erstmals an Gottfried August Bürger. Dessen Ballade *Lenore* (1773) war im Göttinger *Musenalmanach auf das Jahr 1774* erschienen, hatte in Deutschland große Aufmerksamkeit gefunden, machte seinen Dichter berühmt und war auch Goethe bekannt, der durch *Götz von Berlichingen* auf die Ballade Einfluss genommen hatte.
ergetzt (S. 5)	ergötzt (eigentl.: Unangenehmes vergessen machen)
Erbschaftsanteil (S. 6)	In Werthers Briefen spielen Erbschaften eine Rolle und zeigen seine juristischen Interessen. Hier sind es eigene Erbschaftsfragen, dann ist der Vater der Kinder, die er malt, unterwegs, „um die Erb-

2.5 Sachliche und sprachliche Erläuterungen

	schaft eines Vetters zu holen" (S. 17), die er nicht erhält. Der Bruder der Witwe vertreibt den Bauernburschen aus Sorge, seinen Kindern könne „die Erbschaft" entgehen (S. 95).
Balsam (S. 6)	arabischer Herkunft; dickflüssiges Gemisch aus Harzen und ätherischen Ölen zur Schmerzlinderung oder Parfümherstellung
Jahrszeit der Jugend (S. 6)	Der Roman vollzieht sich zwischen Wonnemonat Mai 1771 und winterlicher Ruhe Dezember 1772, Lebensfreude im Freien und weihnachtlichem Familienfrieden im Haus. Die Jahreszeiten haben symbolische Bedeutung.
Grafen von M. (S. 6)	Der Kammergerichtsprokurator (bevollmächtigter Vertreter des Gerichts) Meckel besaß vor Wetzlar einen parkartigen Garten und ein Haus, das die Meckelsburg genannt wurde.[53]
ein wissenschaftlicher Gärtner (S. 6)	Bis zum Anfang des 18. Jahrhunderts herrschte der formale Garten (Garten im „französischen Stil"), der von architektonisch-geometrischen Mustern geprägt wurde (Versailles). Der Wörlitzer Park, begonnen 1764, ist das erste

---

53 Nach Rothmann, S. 6

2.5 Sachliche und sprachliche Erläuterungen

	nennenswerte Beispiel in Mitteleuropa für eine neue Epoche der Gartenkunst, die der Aufklärung entsprach (englischer Gartenstil) und die Natur ausstellte, indem sie Bäume und Sträucher planmäßig, aber ungestutzt wachsen ließ. Diese Gartenkunst war von den Ideen Rousseaus beeinflusst, der Garten bekommt im Roman Symbolwert. In ihm trennt sich Werther von Lotte, um an den Hof zu gehen; Werther sieht Lotte „im Schatten der hohen Lindenbäume" (S. 71) entschwinden.
ein fühlendes Herz (S. 6)	„Herz" wird in dem Brief zum zweiten Mal genannt. Es findet sich im Roman häufig wieder; „Herz" ist das Synonym für Gefühl, Empfindsamkeit und Natürlichkeit und der Gegensatz zu analysierendem Verstand, Sachlichkeit und Konstruktion. Das Herz charakterisiert Werther.
Brunnen (S. 8)	Die Beschreibung meint den Wildbacher Brunnen zu Wetzlar (heute: Goethebrunnen). Für den Roman bekommt er Symbolbedeutung, denn Werther hat mit Lotte bei diesem Brunnen ein säkularisiertes Erlebnis mythischer Art („wie vor einem Propheten",

2.5 Sachliche und sprachliche Erläuterungen

	S. 41). Er wird deshalb erinnert (s. a. S. 10) und zum Symbol urmythischer Erneuerung, in dem sich antik heidnische, religiöse und mythologische (s. **Melusine**) Vorstellungen vereinen.
Melusine (S. 8)	Meernixe und Tochter der Fee Persine; sie wurde von ihrer Mutter bestraft, immer sonnabends in ein Schlangenweib (halb Weib, halb Fisch) verwandelt zu werden, bis sie durch einen Mann erlöst wird. Als ihr Mann sein Versprechen, sie sonnabends zu meiden, bricht, erkennt er ihre Herkunft und Melusine entweicht in Drachengestalt. Die französische Sage stammt aus dem späten 14. Jahrhundert, geht aber auf verbreitete Märchen zurück, in denen ein übernatürliches Wesen sich mit einem Menschen verbindet. In deutschen Nacherzählungen ist Melusine in einen Brunnen gebannt. Goethe, dessen Mutter das Volksbuch von der schönen Melusine las, hat das Märchen in Sesenheim erzählt[54] und später in seinen Roman *Wilhelm Meisters Wanderjahre* aufgenommen.

---

54 Vgl. *Dichtung und Wahrheit*. BA 13, S. 480f.

2.5 Sachliche und sprachliche Erläuterungen

Töchter der Könige, patriarchalische Idee (S. 8)

Hier sind Märchen wie *Der Froschkönig, Das Wasser des Lebens, Frau Holle* und *Märchen aus tausendundeiner Nacht*, antike Sagen und Mythen, Homers *Odyssee* (Nausikaa, die Königstochter, geht zum Fluss, um Wäsche zu waschen) und alttestamentarische Szenen (1. Mose 24,11–20.) mitzudenken. Brunnen und Wasser waren ein Geschenk der Götter oder wurden von Heiligen (Bonifacius) geschaffen. An Brunnen wurden wichtige Entscheidungen getroffen: Die Brautwerbung Rebekkas für Isaak fand dort statt, Jakob und Rachel trafen sich, Joseph ahnt seine Berufung. Griechisch antike und alttestamentarische Ordnungen stehen für die „patriarchalische Idee" und repräsentieren „patriarchalisches Leben" (S. 33), in denen zwischen Menschen und Göttern/Natur eine Übereinkunft bestand. Werthers Glaube ist ein säkularisierter und erweist sich als ein deistisch (Gott hat keine Beziehung zur Welt) aufklärerischer, der bei ihm antike Mythologie, germanische Tra-

2.5 Sachliche und sprachliche Erläuterungen

ditionen und Elemente des Christentums zusammenführt. Zu den Alt- oder Erzvätern (Patriarchen), die ursprünglich für die biblischen Urgeschlechter stehen, zählt Werther auch den Dichter Homer (S. 9).

meine Bücher/Homer (S. 9)

Die Bücher, die Werther ablehnt, sind wissenschaftliche und juristische Werke; ihm reicht sein Homer. Es wiederholt sich der Gegensatz der Gärten: Der Wissenschaft steht die Natürlichkeit gegenüber. Hier wird die entscheidende Bedeutung Homers für den Roman begründet. Homer, blinder griechischer Dichter der 2. Hälfte des 8. Jahrhunderts v. d. Z., schrieb die beiden Epen *Ilias* und *Odyssee*. Goethe las in Wetzlar viel in Homers *Odyssee*.

vom Kummer zur Ausschweifung und von süßer Melancholie zur verderblichen Leidenschaft (S. 9)

Melancholie: Schwermut, Trübsinn; griech.: schwarze Galle. Die vier menschlichen Temperamente entsprechen in der Antike vier menschlichen Grundtypen: Phlegmatiker, Sanguiniker, Choleriker

2.5 Sachliche und sprachliche Erläuterungen

	und Melancholiker. Werther versteht sich als Verbindung der vier Temperamente und damit als vollkommener Mensch: Kummer (Phlegmatiker), Ausschweifung (Sanguiniker), Melancholiker und Leidenschaft (Choleriker).
geringen Leute/Leute von einigem Stande (S. 9)	Werther beschreibt die ständische Gliederung (Ständebaum), die streng hierarchisch ist. Indem er sie nicht einhält, bereitet sich der Konflikt mit der adligen Gesellschaft vor.
Flüchtlinge (S. 9)	oberflächliche (flüchtige), unstete Menschen, auch Narren
Jungfer (S. 10)	Anrede jungfräulicher, unverheirateter Frauen aus dem Bürgertum; adlige Frauen wurden mit „Fräulein" angesprochen. Goethe entwickelte daraus den ersten Dialog zwischen Faust und Gretchen (s. *Faust I*, V. 2605/6). Die Frankfurter Polizeiordnung bestimmte, dass Jungfern im Gegensatz zum Fräulein keinen Schmuck tragen durften.
Kringen (S. 10)	Tragring, ringförmiges Polster, verwandt mit: Kringel = kleiner Kreis

2.5 Sachliche und sprachliche Erläuterungen

artig (S. 10)	Modewort des Sturm und Drang in vielseitiger Bedeutung im Wortfeld „gesittet, folgsam": z. B. niedlich, zierlich, höflich, hübsch, aufmerksam, wohlerzogen, angenehm u. a.; im Roman häufig verwendet (S. 13, 36, 78, 97 u. ö.)
Freundin meiner Jugend (S. 11)	Kurz vor seinem Ende ist Werther dieser Tod im Abschiedsbrief an Lotte gegenwärtig (S. 143). Gemeint ist der Tod Henriette von Roussillons, die am 18. April 1773 starb. Goethe hatte die Hofdame der Herzogin von Pfalz-Zweibrücken 1772 in Homburg, Darmstadt und Frankfurt als Urania in Mercks Kreis der „Gemeinschaft der Heiligen" erlebt und eine innige Beziehung zu ihr gehabt. Zu der Gemeinschaft gehörten auch Caroline Flachsland („Psyche"), Herders spätere Frau, und Louise Henriette von Ziegler („Lila").
Herz/Natur/Witz/Modifikationen/Stempel des Genies (S. 11)	Es ist eine typisch sprachliche Folge des Sturm und Drang: Auf der Grundlage des Gefühls (Herz) entwickelt sich der Verstand (Witz) in seinen unterschiedlichen Erscheinungsformen (Modifika-

2.5 Sachliche und sprachliche Erläuterungen

tionen), um dann beim Genie anzulangen, wenn die natürliche Begabung des Menschen es ermöglicht und er die Konventionen verlässt. Den Sturm und Drang nannte man auch „Geniezeit", die führenden Vertreter „Originalgenies" (Goethe, Lenz, Klinger u. a.).

Akademien/wisse mehr als andere/fleißig/hübsche Kenntnisse (S. 11)

Damit wird der Gegensatz zum Genie beschrieben, der Philister, der sich an das Studium auf der Universität (Akademie) und das Regelwerk hält (Fausts Famulus Wagner, Albert).

Batteux/Wood/de Piles/ Winckelmann/Sulzer/ Heyne (S. 11/12)

Mögliche Regelwerke des Philisters werden aufgezählt. Es handelt sich um französische, englische und deutsche Kunsttheoretiker, die Regeln und Ordnungen entwickelten. Für Goethe wichtig wurde später Johann Joachim Winckelmann (1717–68). Christian Gottlob Heyne (1729–1812): Altphilologe, seit 1763 in Göttingen, und für den jungen Goethe 1765 Ziel des Studienwunsches, nach 1800 für Goethe ein wichtiger Partner bei der Beobachtung

2.5 Sachliche und sprachliche Erläuterungen

	der Beziehung zwischen Poesie und bildender Kunst.
brav (S. 12)	Modewort des ausgehenden 18. Jahrhunderts, in Zitaten (Schiller *Wilhelm Tell*: „Der brave Mann denkt an sich selbst zuletzt") und Titeln (Bürgers *Lied vom braven Mann*, 1778) zu finden. Vieldeutig: wild, unbändig, wacker, fürsorglich u. a.
Amtmann (S. 12)	Verwaltungsbeamter; in Goethes Leben war dieser Amtmann Henrich Adam Buff (1711–95), der im „Deutschen Haus" der Deutschordensritter die Güter des Ordens in der Umgebung von Wetzlar verwaltete. Heute das Lottehaus (Lottestr. 8) mit Sammlung zu Goethe und Charlotte Buff.
Wenn ich die Einschränkung ... (S. 12)	Indem Goethe Satzzeichen in der zweiten Fassung ändert, wird die Periode durch einen Hauptsatz, der demonstrativ eingeleitet wird („... bemalt – Das alles, Wilhelm, macht mich stumm.", S. 12) vollkommen. Diesen Stil, der die Ordnung suggeriert, in der Werther bisher gelebt hat, setzt er in den nächsten Absätzen fort. Noch ist Werther in der Lage, gramma-

2.5 Sachliche und sprachliche Erläuterungen

	tisch folgerichtig zu formulieren. Das wird nach der Begegnung mit Lotte anders.
die Wände, zwischen denen man gefangen sitzt, mit bunten Gestalten und lichten Aussichten bemalt (S. 12)	Das weist auf Platons Höhlengleichnis hin, in dem der gefangene Mensch nur die Schatten auf der Wand der Höhle erkennt, wenn die Sonne hinter ihm scheint.
Wahlheim (S. 14)	Der Herausgeber weist auf den Namenswechsel hin und bleibt dadurch für den Leser gegenwärtig. Tatsächlich handelt es sich um Garbenheim, heute in Wetzlar eingemeindet.
allein an die Natur halten (S. 15)	Werther bekennt sich zur Ästhetik und Widerspieglungstheorie der Gegenwart, die vor allem von Rousseau (*Contrat social* – Gesellschaftsvertrag) beeinflusst wurde; er trennt sich von der systematisierenden Kunstwissenschaft.
Regel/bürgerliche Gesellschaft/Natur (S. 15)	Werther sieht über die sich formierende bürgerliche Gesellschaft hinaus, wenn er sie mit der Nützlichkeit einer Regel vergleicht

2.5 Sachliche und sprachliche Erläuterungen

	und anerkennt, ihr aber vorwirft, „das wahre Gefühl von Natur" zu „zerstören". Dem entspricht die Formulierung, dass ein „Philister" ein Mann der Ordnung (Regel) „in einem öffentlichen Amte" ist.
Weck u. a. (S. 16 f.)	Weizenbrötchen in länglicher Form, süddeutscher Begriff. In der Szene mit der einfachen Frau werden mehrere süddeutsche Begriffe und vor allem im Süddeutschen übliche Diminutive (Verkleinerungsformen) verwendet, um den Originalcharakter und das einfache Volk zu beschreiben (*Scharre* = das aus dem Topf Gescharrte; *Pfännchen, Süppchen*)
Ball auf dem Lande (S. 21)	Der tatsächliche Ball fand am 9. Juni 1772 im Jagdhaus in Volpertshausen statt. Goethe fuhr mit entfernten Verwandten, den Töchtern seiner Großtante, der Hofrätin Susanne Cornelia Lange („*meine Tante*", S. 6), dorthin; sie holten unterwegs gemeinsam Charlotte Sophie Henriette Buff (1753–1828), Tochter des Amtmanns Henrich Adam Buff (1711–1795), ab. Johann Georg Christian Kestner (1741–1800), Kammergerichtssekretär und Mitglied der hannoverschen Gesandtschaft in

2.5 Sachliche und sprachliche Erläuterungen

| | Wetzlar, der sich mit Charlotte verbunden fühlte, kam später auf den Ball. An dem Ball nahm auch Jerusalem teil. |

einem hiesigen guten, schönen, übrigens unbedeutenden Mädchen (S. 21)

Es war die Tochter der Großtante, die siebzehnjährige Johannette Lange, die Goethe vor Lotte umwarb.

weißes Kleid, mit blassroten Schleifen (S. 22)

Das Ballkleid Lottes ist ähnlich berühmt geworden wie die Werther-Kleidung und eines der folgenreichsten Leitmotive: das weiße Kleid mit blassrosa Schleifen verbindet sich mit dem ebenso berühmten Symbol des Brotschneidens, das besonders von der bildenden Kunst immer wieder verwendet wurde. Diese Motive haben einen in der Literatur einzigartigen Weg genommen. Sie sind aus Goethes Roman in Thomas Manns *Lotte in Weimar* gewandert. Als Thomas Mann die Begegnung zwischen Goethe und Lotte 1816 dort beschrieb, ließ er sie „in dem weißen, fließenden, aber nur knöchellangen, vor der Brust mit einer Agraffe faltig ge-

2.5 Sachliche und sprachliche Erläuterungen

	rafften Kleide mit dem blassrosa Schleifenbesatz" erscheinen (Berlin: Aufbau, 1963, S. 357).
Miss Jenny (S. 24)	Anspielung auf den zeitgenössischen französischen Moderoman Marie-Jeanne Riccobonis *Histoire de Miss Jenny Glanville* [1764 dt. von Johann Gottfried Gellius (1732–1781)]; steht für die empfindsamen Romane der Art des Engländers Richardson.
Landpriester von Wakefield (S. 25)	Oliver Goldsmiths *Der Landprediger von Wakefield* (1766) hatte Goethe 1770 durch Herder kennen gelernt und ging darauf ausführlich in *Dichtung und Wahrheit* (BA 13, S. 459–463) ein. Einzelne Episoden in Goethes Roman ähneln solchen bei Goldsmith: Werther trifft einen Studenten, der sich an ihn hält, da er zeichne und Griechisch könne („zwei Meteore hierzulande", S. 11). In Goldsmith' Roman erfährt ein jungen Akademiker, dass in Löwen „nicht zwei Männer zu finden seien, die Griechisch verstünden" (Goldsmith: *Der Landprediger von Wakefield*. Berlin: Gefion Verlag, o. J., S. 163)

2.5 Sachliche und sprachliche Erläuterungen

Menuetts u. a. (S. 26) — Begriffe vom Tanz, hier: Einzelpaartänze, **Contretanz** – Tanz, bei denen sich die Tänzer begegnen und wieder lösen, der sich nach 1750 auch bei Volksfesten verbreitete; eine extreme Form des C. wurde der Cancan. Es gab den *Englischen,* den *Französischen* und den *Deutschen* C.; **Chapeau** – franz.: Hut, vertraulich: Tanzherr. – **„die große Achte"** (S. 28): Figur im Contretanz, **Promenade** – Teil des Tanzes, Tänzer promenieren, d. h. gehen normal.

Klopstock/herrliche Ode/ wonnevollste Tränen (S. 30) — Friedrich Gottlieb Klopstock (1724–1803) war ein bekannter Lyriker, der eine große Anhängerschar hatte. Mit den Themen seiner Gedichte (Landschaft, Naturereignisse, Gefühle, Idyllen) traf er die Erwartungen der jungen Menschen, besonders der Stürmer und Dränger. Es reicht die Namensnennung, damit sich Werther und Lotte einig sind, denn in der *Frühlingsfeier* (1758) werden viele „Freudentränen" über die Schönheit der Welt vergossen. In der Ode wird ein nächtliches Gewitter beschrieben,

2.5 Sachliche und sprachliche Erläuterungen

aus dem die Welt „erquickt" entsteht und – wie später in Goethes *Prometheus* – die Hütte des Sprechenden (des lyrischen Subjekts) erhalten bleibt: „Aber nicht unsre Hütte!/Unser Vater gebot/Seinem Verderber/Vor unsrer Hütte vorüber zu gehn!". In Weimar sollte Goethe dann von Klopstock wegen seines Lebenswandels gerügt werden und, da er die Rüge nicht annahm, mit Feindschaft bedacht werden.

die übermütigen Freier der Penelope (S. 33) bezieht sich fast wörtlich auf Homers *Odyssee*, 2., Vers 299 und 20. Gesang, Vers 251/2. Penelope, die Frau des Odysseus, wird, während ihr Mann im Mittelmeer umhergetrieben wird, von zahlreichen Freiern bedrängt, die Odysseus nach seiner Rückkehr erschießt.

des Lehrers der Menschen/Wenn ihr nicht werdet wie eines von diesen (Kindern) (S. 34) Variation zum Neuen Testament, Matthäus 18,3. Der Lehrer der Menschen ist jedoch nicht nur Jesu, sondern auch Rousseau, dessen „stille Gemeinde weit und breit" (BA 13, S. 600) Goethe er-

2.5 Sachliche und sprachliche Erläuterungen

lebt. Das Bibelwort bezieht sich auch auf Rousseaus *Emile oder Von der Erziehung* (1762) und den Gedanken der „negativen Erziehung", die Werther an Lottes Geschwistern übt. Darunter ist der Schutz der Kinder vor der schädlichen Erziehung der Zivilisation zu verstehen; von ihr befreit, werden sie zu Mustern der „natürlichen Erziehung".

radotieren (S. 34)	schwätzen, leeres Gerede machen. Vgl.: **„Radotage" (S. 56)** – Geschwätz
Quakelchen (S. 35)	Nesthäkchen (quakendes Kind)
Fratzen (S. 36)	hier: Possen, albernes Gerede; sonst: verzerrtes Gesicht, auch als **„der Fratze" (S. 49)** für Werther als Possenreißer, weil er sich einbildete, Ansprüche auf Lotte zu haben.
von Lavatern ... über das Buch Jonas (S. 38)	Der Herausgeber weist auf eine Predigt Lavaters *Mittel gegen Unzufriedenheit und üble Laune* (1773) hin. Diese Predigt befand sich in Lavaters *Predigten über das Buch Jonas* (1773), das Goethes Mutter von Lavater erworben hatte. Erste Erwähnung des mit Goethe zu der Zeit befreundeten Schriftstellers und Verfassers der *Physiogno-*

2.5 Sachliche und sprachliche Erläuterungen

	mischen Fragmente (1775–78) im Roman. Vgl. *Schattenriss* (Anm. S. 47)
Lottens schwarzen Augen (S. 41 f.)	Die Augenfarbe wurde für die Lotte des Romans von Maximiliane La Roche genommen, Charlotte Buff hatte blaue Augen.
Ossian (S. 42)	Der schottische Lehrer und Dichter James Macpherson (1736–96) ahmte gälische Volksdichtung nach und gab sie 1761–65 als Werke eines legendären keltischen Sängers namens Ossian aus. Die Sammlung wurde vom Sturm und Drang, Herder und Klopstock gefeiert, obwohl man die Fälschung ahnte. Einen Dichter Ossian gab es nicht; ein altirischer Sagenkreis, der von einem blinden greisen Sänger weitergegeben worden sein soll, war seit dem Mittelalter vorhanden; Vergleichbares findet sich aber auch in anderen Kulturen (Homer!). – Es ist die erste Erwähnung im Roman; von nun an sind Ossian und Homer Ausdruck zweier gegensätzlicher Welten (vgl. S. 100), aus dem Heldengesang werden Totengesänge, die auch Totenbeschwörung sind: „...

KÖNIGS LERNHILFEN

Aufsatz

- ♕ schülergerecht dargestellt und aufbereitet
- ♕ klarer, übersichtlicher Aufbau
- ♕ zweifarbiger Innenteil zum Hervorheben wichtiger Sachverhalte
- ♕ Randleisten für Tipps, Infos, Hinweise
- ♕ mit Übungen und Lösungen
- ♕ erarbeitet in Anlehnung an die gültigen Lehrpläne

Die Bände enthalten sowohl die wichtigsten Informationen zu den einzelnen Aufsatzthemen als auch zahlreiche Übungsmöglichkeiten. Die Übungen bauen aufeinander auf und sind auf der Grundlage aktueller, schülernaher und unterrichtsrelevanter Texte verfasst. Inhaltliche wie sprachlich-grammatische Aspekte werden in gleicher Weise berücksichtigt. Ein Lösungsteil ermöglicht die eigenständige Kontrolle und Verbesserung der Arbeitsergebnisse.

Preisänderungen vorbehalten!

Hiermit bestelle ich folgende Bände (mit 10 Tagen Rückgaberecht):

Anzahl	Titel	EURO
....	Wie schreibe ich einen Aufsatz? 5.-6. Schuljahr	11,90

Inhalt: Erzählung: Nacherzählung, Erlebniserzählung, Bilder- und Fantasiegeschichte; Bericht: über Vergangenes, über ein Vorhaben, Unfallbericht; Brief: Postkarte, persönlicher Brief; Beschreibung: Gegenstands-, Vorgangs-, Personen- und Wegbeschreibung; Umgang mit Texten: Inhaltsangabe, Buchvorstellung

| .... | Wie schreibe ich einen Aufsatz? 7.-8. Schuljahr | 13,90 |

Inhalt: Inhaltsangabe (auch erweitert), Bildbeschreibung, Schilderung, Protokoll, begründete Stellungnahme und Kurzvortrag

| .... | Wie schreibe ich einen Aufsatz? 9.-10. Schuljahr | 13,90 |

Inhalt: Informierende, berichtende, kommentierende Texte, Reportage, dialektische Erörterung, Geschäftsbrief, Charakteristik, Argumentationslehre, lineare Erörterung, Referat

| .... | Wie schreibe ich einen Aufsatz? 11.-13. Schuljahr – Band 1 | 13,90 |

Inhalt: Inhaltsangabe: eines literarischen Textes, eines Sachtextes; Erörterung: Problemerörterung, Texterörterung, Die Textanalyse

| .... | Aufsatz für das 11.-13. Schuljahr – Band 2 | 13,90 |

Inhalt: Textinterpretation, Epik, Lyrik, Drama, Textvergleich

....
Datum / Unterschrift (bei Minderjährigen der gesetzl. Vertreter)

Bange Verlag

Tel.: 09274/94130
Fax: 09274/94132
e-mail: service@bange-verlag.de
www.bange-verlag.de

☐ Bitte senden Sie mir an die unten stehende Adresse laufend kostenlos Prospekte und Kataloge des C. Bange Verlags.

Versandanschrift: (03/2004)

Name, Vorname: ....

Kunde: ☐ Lehrer/Ref. Fach: ....
☐ Student ☐ Schüler ☐ Sonst.

Straße u. Nr.: ....

PLZ/Wohnort: ....

e-mail: ....

Antwort

C. Bange Verlag
Postfach 11 60

D-96139 Hollfeld

Bitte
ausreichend
frankieren

2.5 Sachliche und sprachliche Erläuterungen

redet ihr Geister der Toten!" (BA 9, S. 253). 1773 veranstalteten Goethe und Johann Heinrich Merck die Bände I und II einer englischen Neuausgabe des *Ossian*. Im gleichen Jahr erschien Herders *Auszug aus einem Briefwechsel über Ossian und die Lieder alter Völker* in der Sammel- und Programmschrift des Sturm und Drang *Von deutscher Art und Kunst*.

der Degen genommen (S. 44) Bei Niederlagen oder in Gefangenschaft gaben Offiziere als Zeichen der Unterwerfung ihre Degen ab. Gefangennahmen erfolgten, wie in Goethes *Egmont* durch Alba, mit dem Befehl „Halt, Egmont! Deinen Degen!"

Bononischen Steine (S. 46) leuchtender Schwerspat, entdeckt von einem Schuster aus Bologna, deshalb Bononischer oder Bologneser Stein genannt. Goethe beschreibt ihn in seiner *Italienischen Reise* (20. Oktober 1786).

Surtout (S. 46) franz.: Überrock

Schattenriss (S. 47) Nach Lavaters Physiognomie-Lehre waren Schattenrisse das entscheidende Material für die Beurteilung des Men-

> Lavaters Physiognomie-Lehre

2.5 Sachliche und sprachliche Erläuterungen

schen; in einem schönen Profil komme eine schöne Seele zum Ausdruck. Es war eine beliebte Beschäftigung, sich gegenseitig zu schneiden und die Schattenrisse als Zeichen von Freundschaft und Vertrautheit einander zu schenken. Goethe fertigte einen Schattenriss von Lotte an und war an Lavaters Untersuchungen beteiligt, mit dem er seit 1773 in Verbindung stand. Die Szene im Roman geht vermutlich direkt auf Lavater zurück. Dieser kritisierte an den Malern, sie arbeiteten nicht wahr genug; seine Schattenrisse dagegen galten ihm als wissenschaftliches Material. So versagt auch Werther als Maler, nicht aber beim Schattenriss. Vgl. *Dichtung und Wahrheit*, 14. Buch (BA 13, S. 652). Lottes Schattenriss begleitet Werther bis zuletzt und wird zum Symbol seiner Leidenschaft. Werther wendet im Brief vom 8. August seine Kenntnisse von der Physiognomie an, wenn er von „Abfällen" (Abstufungen) der „Habichts- und Stumpfnase" spricht (S. 50). – Goethes Bekanntschaft mit Charlotte von Stein begann mit einem Schattenriss: Im

2.5 Sachliche und sprachliche Erläuterungen

Juli 1775 gab ihm ein Freund Lavaters, der Arzt Johann Georg Zimmermann, Schattenrisse der Frau von Stein und Maria Antonia von Branconis – der Mätresse des Erbprinzen von Braunschweig –, zu denen Goethe eine Beschreibung lieferte. – Über die Schattenrisse (Silhouetten) als Sinnbild des Menschen machte sich Lichtenberg lustig und parodierte 1779 Lavaters Lehre, indem er ein *Fragment von Schwänzen* schrieb, in dem er Tier- und Burschenschwänze als Schattenriss abbildete und erklärte, darunter einen Goethes. Auch stellte er Aufgaben wie: „Welchen würde Homer wählen, wenn er wiederkäme?"[55]

Sand (S. 47) Mit Sand wurde Tinte gelöscht.
Magnetenberg (S. 48) findet sich in indischen und chinesischen Märchen, auch in *Tausendundeine Nacht,* im *Gudrunlied* und im *Volksbuch vom Herzog Ernst.* Es war die Lieblingsgeschichte von Goethes Mutter.

Prätension (S. 49) Anspruch
Pistolen, Terzerole (S. 52 f.)

das T. ist eine kleine Pistole; es ist gegen Ende des Ersten Buches die Parallelszene zum Ende des Zwei-

---

[55] Georg Christoph Lichtenberg: Werke. Berlin und Weimar. Aufbau-Verlag 4. Auflage, 1982, S. 290

2.5 Sachliche und sprachliche Erläuterungen

	ten Buches, als Werther sich die Pistolen zum Selbstmord borgt.
ein gutes junges Geschöpf (S. 57)	Die wahre Begebenheit betraf die in der Nähe von Goethes Geburtshaus wohnende vierundzwanzigjährige Schreinertochter Anna Elisabeth Stöber, die sich 1769 aus Liebeskummer ertränkte. Vgl. BA 9, S. 645.
Prinzessin, die von Händen bedient wird (S. 59)	Märchen von einer gefangenen Prinzessin, die von Händen versorgt wird, die aus der Zimmerdecke wachsen.[56]
Inzidentpunkt (S. 60)	Vorfall, Einzelheit in einem Vorgang; juristischer Fachausdruck
eine der blassroten Schleifen (S. 64)	(Vgl. Anm. S. 22) Das Motiv wird ein letztes Mal in Werthers Abschiedsbrief erwähnt (S. 152).
Duodez u. a. (S. 64)	kleines Buchformat; gemeint ist die zweibändige, zweisprachige (lateinisch und griechisch) Homer-Ausgabe des Amsterdamer Buchdruckers J. H. Wetstein im Gegensatz zur Ernestischen Ausgabe, die fünfbändig ist (umfangreiche Kommentare)

---

56 Vgl. auch Rothmann, S. 39

2.5 Sachliche und sprachliche Erläuterungen

einen jähen Berg (S. 65)	Die Ersteigung eines hohen Berges wird im 19. Jahrhundert in der Literatur zunehmend das Symbol für Selbstbefreiung, die allerdings tödlich enden kann (vgl. Dramen Henrik Ibsens wie *Brand* oder *Wenn wir Toten erwachen* u. v. a.). Vor seinem Selbstmord ersteigt Werther in der Nacht einen Berg, bei dem man sich wunderte, dass er „ohne zu stürzen" hinaufgekommen ist (S. 143).
das härene Gewand und der Stachelgürtel (S. 66)	Merkmale von Einsiedlern und der Buße; nach 2. Korinther, 12,7 dient der „Stachel im Fleisch" dazu, nicht selbstherrlich zu werden.
Ich werde sie nicht wiedersehn (S. 66)	Goethe verließ Wetzlar am gleichen Tag, nur einen Tag später als der Roman handelt (11. September 1772). Damit ist die parallele Handlung zwischen Goethe/Charlotte Buff und dem Roman zu Ende.
Boskett (S. 67)	franz.: Büsche in Parkanlagen, Lustwäldchen
der Gesandte (S. 72)	Jerusalems Liebe zu Elisabeth Herd und sein Selbstmord dienten dem Zweiten Buch als Vorla-

2.5 Sachliche und sprachliche Erläuterungen

ge. Jerusalems Vorgesetzter war der braunschweigische Gesandte von Hoefler.

herumschwadronieren (S. 72)

prahlen, übertreiben

Partikel, Inversionen, seinen Perioden u. a. (S. 74)

Schreib- und Sprachstil

Werther beschreibt seinen Schreib- und Sprachstil, der repräsentativ für den Sturm und Drang ist. Partikel = nicht beugbares Wort (z. B. Präpositionen), Inversionen = Umstellung normaler Wortstellung zu Gunsten einer besonderen Betonung, vorwiegend in der Abfolge Personalform des Verbs und Subjekt („Bin ich", „Kann ich sagen ..."), aber auch Erststellung von Adverbien („Und **da** käme ein Philister ...", S. 15); Periode [damals: der Period(e)] = Gesamtsatz aus mehreren Teilsätzen, besonders beliebt im *Werther*, da dadurch Satzgebirge entstehen, die den Erzähler zu erschlagen drohen oder ihn verstummen lassen („Wenn ich die Einschränkung ansehe ... wenn ich sehe ... und dann, dass alle ... – Das alles, Wilhelm, macht mich stumm." S. 12). Herder forderte die Inversion als besonderes Stil-

2.5 Sachliche und sprachliche Erläuterungen

	mittel für die zeitgenössische Literatur. Werthers Brief erinnert an eine Stelle aus Herders *Auszug aus einem Briefwechsel über Ossian und die Lieder alter Völker,* in der Herder Elisionen fordert und ähnlich wie Werther plädiert[57].
Déraisonnement (S. 75)	Geschwätz, dummes Gerede, Gefasel
das glänzende Elend (S. 75)	Die Formulierung stammt aus mystischem Denken; in seinem geistlichen Lied *Die Verachtung der Welt* hatte Gerhard Tersteegen (1729) die gierige Sucht nach Geld im Gegensatz zu christlicher Bescheidenheit mit diesem Begriff versehen. Goethe benutzte das Begriffspaar für die hohle Adelswelt.
Fräulein von B. (S. 76)	wahrscheinlich Louise Henriette von Ziegler (1750–1814), die als „Lila" zu Mercks „Gemeinschaft der Heiligen" gehörte, bis zu ihrer Heirat 1774 Hofdame in Darmstadt. Als sie den Offizier Gustav von Stockhausen 1774 heiratete, meinte sie, damit Goethe unglücklich zu machen. Herders spätere Frau Caroline Flachsland

---

[57] „... uns quälen diese schleppenden Artikeln, Partikeln usw. oft so sehr und hindern den Gang des Sinns und der Leidenschaft". In: *Von Deutscher Art und Kunst.* Hamburg 1773, Leipzig: Reclam, 1960, S. 47

2.5 Sachliche und sprachliche Erläuterungen

	hätte Goethe gern mit Louise von Ziegler verheiratet.[58]
Physiognomie (S. 76)	äußere Erscheinung des Menschen, vor allem Gesichtsausdruck; Gegenstand der Forschungen Lavaters (vgl. **„Schattenriss"**, S. 47)
ehernes, eisernes Jahrhundert (S. 77)	Die Entwicklungsperioden des Menschengeschlechts nach Hesiod werden hier auf ein Menschenleben übertragen: Dem goldenen und silbernen Jahrhundert folgen das eherne (das kriegerische Zeitalter der Menschheit; hier: die Ehejahre) und das eiserne (die Menschen ringen um ihre Existenz, hier: die Witwenjahre).
Marionette (S. 78)	Werther hatte einen Doktor, der sich ganz in den Konventionen bewegte, als „dogmatische Drahtpuppe" bezeichnet (S. 33, 29. 6. 1771). Das war für ihn und seine ungebundene Lebensführung der denkbar größte Gegensatz, weil der Mensch seiner Willensfreiheit beraubt worden ist. Nun sieht er sich selbst in dieser Rolle. 1810 nahm Heinrich von Kleist in seinem Essay *Über das Marionettentheater* den Vorgang wieder auf

---

[58] Vgl. Caroline Flachsland an Herder am 8. Mai 1772. In: Bode, Bd. 1, S. 27

2.5 Sachliche und sprachliche Erläuterungen

	und stellte den Verlust einer unbegrenzt lebenden einer sich selbst bespiegelten Individualität gegenüber.
warum ich aufstehe ... (S. 78)	Hier wird das Grundproblem Werthers berührt; er hat es schon mehrfach reflektiert (s. S. 5). Georg Büchners Danton sagt fast wörtlich entsprechend in *Dantons Tod* (2. Akt, Beginn) „Das ist sehr langweilig ... des Abends immer ins Bett und morgens wieder herauszukriechen".
Krönungszeiten Franz' des Ersten (S. 82)	Franz I. (1708–65), der Mann Maria Theresias, wurde 1745 zum deutschen Kaiser gekrönt. Im ältesten Schema zu seiner Biografie nannte ihn Goethe als wichtige Gestalt seines Lebens. Baron F. trägt also eine siebenundzwanzig Jahre alte Kleidung.
übel fournierten (S. 82)	schlecht belieferten, versorgten
Ulyss von dem trefflichen Schweinhirten (S. 83)	Im 14. Gesang von Homers *Odyssee* (Ulyss ist die lateinische Form für Odysseus) wird der heimkehrende Odysseus vom Schweinehirt Eumaios, der seinen Herrn

2.5 Sachliche und sprachliche Erläuterungen

	nicht erkennt, mit gebratenen Ferkeln und Wein versorgt.
der Fürst (S. 86)	Der Fürst trägt Züge des Erbprinzen von Braunschweig, Karl Wilhelm Ferdinand (1735–1806), der als General der Infanterie seit 1773 in preußischen Diensten stand (*General in ***schen Diensten*, S. 90). In seinen Diensten stand Jerusalem. Der Fürst holte 1770 Lessing nach Wolfenbüttel und stellte ihn als Bibliothekar ein. Goethe hatte erst in späterer Zeit manche Berührung mit dem Fürsten, vor allem aber mit dessen schöner Mätresse Branconi. Der Erbprinz und diese Mätresse waren von Lessing mindestens ansatzweise in *Emilia Galotti* als Vorbild benutzt worden; das Stück liegt am Ende des Romans aufgeschlagen vor dem toten Werther. – Die Skurrilität des Fürsten, die „wunderlichen Menschen" um ihn (S. 89) und anderes, weisen auch auf den Landgrafen von Hessen-Darmstadt Ludwig IX. (1719–1790) hin, der seit 1744 in preußischen Diensten stand und in Pirmasens unter den geschilderten Umständen wohnte. Goethe kannte ihn durch

2.5 Sachliche und sprachliche Erläuterungen

	Merck und besuchte den Hof der Landgräfin Karoline in Darmstadt um 1772 mehrfach.
Erbprinz (S. 87)	Der Erbprinz von Braunschweig, Karl Wilhelm Ferdinand, hatte seit 1773 die zerrütteten Finanzen seines Landes wieder in Ordnung gebracht. Er versuchte, Jerusalem in seinen Diensten zu halten.
Pilgrim (S. 87)	gehoben, heute veraltet für „Pilger", abgeleitet von lat. „peregrinus" (der Fremde). In Mercks Freundeskreis wurde Goethe nicht zuletzt wegen seines Gedichts *Pilgers Morgenlied* als „Pilgrim" gesehen.[59]
Altväter (S. 89)	ursprünglich sind Patriarchen die Altväter (vgl. Anmerkung zu S. 8), Goethe rechnet auch Dichter wie Homer dazu.
Kanons meliert (S. 99)	u. a. Goethe persiflierte in der „Frau des neuen Pfarrers" (S. 99) die Frankfurter Pietistin Johanna Dorothea Griesbach (1726–1775), über die er kein günstiges Urteil fällte.[60] Sie mischte sich in die kritische Betrachtung des Kanons, die von der Kirche offiziell anerkannten Bücher, ein. Der Engländer Benjamin Kennikott, der

---

[59] Louise von Stockhausen (geb. Ziegler) fragt 1778 bei Caroline Herder nach, was „Goethe, der liebe Pilgrim" mache. Vgl. Bode, Bd. 1, S. 225
[60] Vgl. BA 9, S. 647, Anmerkung zum 15. September

2.5 Sachliche und sprachliche Erläuterungen

	Hallenser Professor Johann Salomo Semler und der Göttinger Orientalist Johann David Michaelis (S. 99) waren Vertreter der aufklärerischen Theologie. Zu diesen Bemühungen gehörten auch „Lavaters Schwärmereien" (S. 99), die von der Pfarrerin mit Achselzucken abgetan werden, denen Goethe in dieser Zeit mit großem Verständnis und begeisterter Freundschaft begegnete; später tat er Lavater „wie einen Schwindler ab"[61].
Prätensionen (S. 99)	juristisch: Ansprüche
Ossian (S. 100)	s. Anmerkung zu S. 42. Ossians Welt ist nördlich, nächtlich und wild. An der Stelle von Göttern wirkt eine unerbittliche, auf den Tod ausgerichtete Natur. Barden (altkeltische Sänger) erhalten das Andenken an die Helden, die jung untergehen, um desto glänzender in den Gesängen bewahrt werden zu können. In Werthers Brief mischen sich eigene Vorstellungen mit Zitaten Ossians. Ossian ist der Sohn Fingals, der in Ossians Gesängen der Held ist.
verlechter Eimer (S. 104)	rissiger, ausgetrockneter, undichter Holzeimer (verwandt mit *Leck* und *lechzen*)

---
61 Friedenthal, S. 184

2.5 Sachliche und sprachliche Erläuterungen

Religion (S. 105) — Werther erweist sich als bibel- und religionskundig, ohne in der Religion Trost zu finden. Goethe berief sich auf eine eigene Religion, die eine Mischung aus verschiedenen, auch mystischen und kabbalistischen Denkmöglichkeiten war. (Vgl. *Dichtung und Wahrheit*, 8. Buch. In: BA 13, S. 379). In seinem Brief verwendet Werther nacheinander aus dem Neuen Testament Johannes 6, Vers 37, 44, 65 und 17, Vers 24, Matthäus 26, Vers 39 und 27, Vers 46, außerdem aus dem Alten Testament Psalm 104, Vers 2. Werther trägt Züge eines säkularisierten Christus oder, wie Lenz treffend sagte, eines „gekreuzigten Prometheus".

Generalstaaten (S. 109) — Regierung der Vereinigten Niederlande, bis 1795 offizielle Bezeichnung; als Anspielung auf den Reichtum der Niederlande gemeint.

die alte himmelsüße Melodie (S. 112) — Werthers veränderter Zustand wird in seinem Verhältnis zu Lottes Klavierspiel deutlich. Lottes „Leiblied" (S. 45) heilte Werther am 16. Juli 1771 von „aller Pein, Verwirrung und Grillen" (S. 45).

2.5 Sachliche und sprachliche Erläuterungen

Nun verdrängt die gleiche Melodie das „Trostgefühl", macht Verdruss und „fehlgeschlagene Hoffnungen" frei (S. 112) und scheint bei Werther aggressives Verlangen freizusetzen.

ihr Trauring fiel mir ins Gesicht (S. 112) soviel wie: ihr Trauring fiel mir auf, fiel mir in die Augen; keinesfalls: der Trauring fiel wirklich vom Finger

Du bist nicht zu retten ... wir (S. 119) Werther geht vom Singular in den Plural über und sieht sich in einem ähnlichen Schicksal wie den Knecht. Die Funktion der Parallelhandlung wird offenkundig.

nicht gerecht ... Gerechtigkeit (S. 120) Werther gibt seine juristische Verantwortung auf, Albert steht zu ihr. Der Unterschied beider wird zum grundsätzlichen Gegensatz.

Wachsstöckchen (S. 126) gezogene dünne Wachslichter
Kontos zu fordern (S. 129) Abrechnungen zu erledigen
Gesänge Ossians (S. 133 ff.) Es sind die *Songs of Selma*, die Goethe in Straßburg übersetzt hatte. Sie haben weniger einen Inhalt als mehr eine Stimmung. Klagen um tote Freunde deuten Werthers Hoffnung an, man möchte auch ihn so betrauern.

2.5 Sachliche und sprachliche Erläuterungen

	Die Häufung von Namen hat für die Handlung kaum Bedeutung, es kommt auf die Stimmung an, die durch die Gesänge vermittelt wird.
... wir werden uns wiedersehen (S. 145)	Gegen Ende des Romans wiederholen sich Begegnungen (Bauernburschenepisode) und Erinnerungen (Begräbnis der „Freundin der Jugend", S. 11 und 143); auch Werthers Hoffnung auf ein Weiterleben wiederholt sich (S. 72)
Priester/Levit/Samariter (S. 151)	Vgl. Lukas 10, 30–33: Während Priester und Levit (Priester aus dem Stamme der Levi) an einem Überfallenen vorbeigehen, hilft ihm ein Samariter (Einwohner aus Samaria, der auch die Feinde liebt – Nächstenliebe). Es wird Werthers säkularisiertes Menschenbild erkennbar, zumal er sich kurz zuvor selbst von den „frommen Christen" ausschließt: Während die zur Nächstenliebe verpflichteten christlichen Repräsentanten „sich segnend" vorübergehen, weint der Samariter „eine Träne", Zeichen der Übereinstimmung mit dem Toten.

2.5 Sachliche und sprachliche Erläuterungen

Ader am Arme (S. 153) — Zur Entlastung des Kreislaufs lässt man Werther zur Ader. Es wird das Bild aufgenommen, das Werther schon einmal von Pferden auf sich übertrug: Pferde hätten sich eine Ader aufgebissen, um sich „zum Atmen zu helfen", „... ich möchte mir eine Ader öffnen, die mir die ewige Freiheit schaffte" (S. 85).

***Emilia Galotti* (S. 153)** — Trauerspiel von Lessing (1772). Goethes Urteil über das Stück war unterschiedlich. Gegen Ende seines Lebens verglich er es mit einer „Mumie", die man aufbewahre. Kurz nach dem Erscheinen war er wie viele andere jedoch begeistert. Auch Jerusalem hatte es bei seinem Selbstmord auf dem Pult liegen, daneben ein eigenes Manuskript mit dem Titel *Von der Freiheit*.[62] Emilia Galotti fordert von ihrem Vater den Tod, weil sie sowohl ihre Tugend erhalten als sich auch dem sinnlichen Verlangen, mit dem sie dem Prinzen zu verfallen droht oder schon ist, entgehen will. Insofern ist ihr Tod dem Werthers ähnlich. Beide benutzen ihre letzte Entscheidung für „ewige Freiheit".

---

62 Vgl. Rothmann, S. 105

2.6 Stil und Sprache

Die Sprache der beiden Fassungen ist unterschiedlich. Der wichtigste Erzähler, Werther, gibt mehrfach Auskunft über die sprachliche Gestaltung. An Wilhelm schreibt er am Heiligabend 1771, wie sich das Sprachempfinden seines Arbeitgebers, des Gesandten, und sein eigenes, das eines jungen Stürmers und Drängers, grundsätzlich unterscheiden: Der Stürmer und Dränger verzichtet auf Bindewörter (Konjunktionen wie „und", „wenn" usw.), liebt Inversionen und fügt die Perioden neu. Er folgte damit Empfehlungen Herders für die sprachliche Gestaltung. Am 10. Oktober 1772 erklärte Werther die Funktion der Gedankenstriche, die eine Funktion im Gefühlsüberschwang bekämen, wenn die Worte versagten (S. 100).

Auskunft über die sprachliche Gestaltung

Wie auch in anderen Werken (*Iphigenie auf Tauris*, *Faust I*) verdrängte Goethe, wenn auch sehr viel weniger umfangreich, von der 1. zur 2. Fassung die kantige und derbe Sprache des Sturm und Drang und glättete sie mit seinem inzwischen klassischen Gefühl. So wurde z. B. der für den Sturm und Drang typische

„Kerl" durch „Mann",
die „alte Schachtel" durch die „Alte" ersetzt[63].

Bemerkenswert sind in dem Roman die **Oxymora**, das sind scheinbar unhaltbare Verbindungen von Gegensätzen, deren Zusammenstellung einen neuen Sinn ergibt (*„das glänzende Elend"*, S. 75). Syntaktisch fallen beim **Satzbau** die langen Perioden auf, die sowohl aus dem klassischen Latein stammen

---

63 Brief vom 17. 5. 71, BA 9, S. 13, Reclam, S. 12; Brief vom 24. 12. 72., BA 9, S. 65, Reclam, S. 75

2.6 Stil und Sprache

als auch den Charakter von Predigten bzw. juristischen Urteilen bestimmen. Besonders durch Klopstocks Oden hatten sie weite Verbreitung erfahren und erfuhren im *Werther* ihre Bewährungsprobe in der Prosa: „Wenn das liebe Tal ... wenn ich das Wimmeln der kleinen Welt ... wenn 's dann um meine Augen dämmert ... dann sehne ich mich oft" (S. 7). Nachdem Werther Lotte getroffen hat, versagt die Sprache ihren Dienst zur Beschreibung der Ereignisse und Werther flüchtet sich in **Ellipsen** (unvollständige Sätze wie „Ich habe – ich weiß nicht.", S. 20).

Eine auf Sprache und Stil wirkende Besonderheit des Romans ist, dass er beim Leser **umfangreiche Literatur- und zeitgenössische Kunstkenntnisse** voraussetzt, die heute nicht mehr vorhanden sind. Das betrifft literarisch mindestens Homer, Ossian (Macpherson) und Klopstock, Rousseau, Goldsmith und Richardson, künstlerisch vor allem die Gartenbaukunst, die Kunsttheorie (Sulzer, Winckelmann u. a.) und die Kunstpsychologie (Lavater u. a.). Literarisches wird, teils umfangreich wie die Ossian-Gesänge, teils als Anspielung oder Zitat, einmontiert.

2.7 Interpretationsansätze

Der Hauptvorgang während der Entstehungs- und ersten Wirkungszeit war die Ablösung des Adels als politisch führende Kraft durch das Bürgertum. Diesen Konflikt durchlebt Werther. Er wird in Handlung umgesetzt als tragischer Untergang eines empfindsamen, künstlerisch begabten und bürgerlich erzogenen Menschen, der am Widerspruch zwischen den Konventionen des Feudalsystems und den Rechten des Individuums zerbricht. Goethe war diese Bedeutung des Romans bewusst, auch wenn er 1824, fünfzig Jahre nach dem ersten Erscheinen, sie nicht mehr wahrhaben wollte, sondern Werthers Konflikt als individuellen betrachtete: „Ich hatte gelebt, geliebt und sehr viel gelitten! Das war es."[64] Die Veränderung der Sicht hatte sehr viel früher eingesetzt. Nachdem er 1775 nach Weimar gekommen war, unternahm der Herzog alles, um Goethe schließlich 1782 zu adeln. – Das war „der Sieg des aristokratischen Prinzips über den Autor des *Werthers*"[65]. Damit trat aber auch alles Sentimentale und Überschwängliche, was den *Werther*-Roman berühmt gemacht hatte, zurück. Goethe distanzierte sich zunehmend von ihm und las ihn auch nicht mehr. –

> Ablösung des Adels

Rousseau hatte mit der Liebe zwischen einem Bürgerlichen und einer Adligen in der *Neuen Héloise* eine sozialkritische Akzentsetzung vorgenommen, die Goethe mit der Beziehung von Werther zu Fräulein B. übernahm. Auch bei Rousseau war der Roman der Versuch, seiner „ersten fundamentalen Lebenskrise Herr zu werden" und es entstand „der größte Erfolg in der französi-

> sozialkritische Akzentsetzung

---

64 Eckermann, S. 97 (2. Januar 1824)
65 Mayer, S. 57

2.7 Interpretationsansätze

schen Literatur des 18. Jahrhunderts"[66]. Im Aufsehen, das er erregte, war er mit Goethes *Werther* vergleichbar.[67] – Goethe nannte im Zusammenhang mit seinem Roman Schriftsteller. Richardson habe „die bürgerliche Welt auf eine zartere Sittlichkeit aufmerksam gemacht"[68] und sich selbst sah er wie den „glücklich unglücklichen Freund der Neuen Héloise"[69]. Rousseaus Roman veränderte die deutsche Literaturkritik: Mendelssohn und Lessing in der *Hamburgischen Dramaturgie* (8. Stück, 26. Mai 1767)[70] lehnten ihn ab, die Stürmer und Dränger und vor allem Hamann und Goethe begrüßten ihn, weil er dem Gefühl breiten Raum gebe und das Subjekt betone.[71] Mit dem Dichternamen „Klopstock" ist dieses Gefühl zwischen Lotte und Werther ausgesprochen; ein Handkuss „unter den wonnevollsten Tränen" (S. 30) besiegelt es. Tränen sind ein Ausdruck großer Leidenschaft, nicht Zeichen der Trauer. Herder forderte die jungen Leute auf: „Ihr sollt mit Klopstock weinen! Eure Träne/aus schönem Herzen, soll ihn schöner schmücken ..."[72] und Goethes Freunde wie Friedrich Heinrich (Fritz) Jacobi lasen den Roman „in süßen, wonnevollen Tränen"[73].

Friedrich Gottlieb Klopstock (1724–1803) war ein Vorbild des Sturm und Drang. Werther und Lotte meinen die letzten bei-

---

66 Jens-Peter Gaul: *Jean-Jacques Rousseau*. München: dtv (portrait), 2001, S. 87
67 Vgl. Winfried Schröder (Hg.): *Rousseau*. Berlin: Aufbau, 1993, S. 381
68 *Dichtung und Wahrheit*. In: BA 13, S. 610
69 ebd., S. 585
70 Lessing kritisierte in Anlehnung an Hamann die Liebe des Rousseauschen Helden St. Preux, sie sei „abenteuerlich, schwülstig, ausgelassen". Das sind auch Merkmale der Liebe Werthers. Lenz wandte sich entschieden gegen einen Vergleich der „Schicksale des St. Preux und Werthers". Vgl. Jakob Michael Reinhold Lenz: Briefe über die Moralität des *Leiden des jungen Werthers*. In: Werke und Briefe. Hg. von Sigrid Damm. Leipzig: Insel-Verlag 1987, Bd. 2, S. 686
71 Vgl. dazu: Sven-Aage Jorgensen: *Empfindung und Wahrscheinlichkeit. Hamanns Metakritik über Mendelssohns Besprechung von Rousseaus Julie ou la Nouvelle Héloise*. In: Text & Kontext 9. 2. Hg. von Klaus Bohnen. Kopenhagen-München: Wilhelm Fink Verlag, 1981, S. 237
72 J. G. Herder: *Gedicht zu Klopstockschen Oden und Elegien* (1771). In: Michel, S. 90
73 Vgl. Dagmar von Gersdorff: *Goethes Mutter. Eine Biografie*. Frankfurt am Main und Leipzig: Insel Verlag, 2001, S. 192

den Strophen von Klopstocks Ode *Die Frühlingsfeier* (1759). Klopstock verkündet darin das Naturereignis als Genuss von Natur und Schönheit; es wird ein Gewitter beschrieben, bei dem sich ein Frühlingsmorgen in finstre Nacht und schließlich in plötzliche Stille verwandelt, aus dem „der Bogen des Friedens" entsteht. Der Gegenwartsroman Goethes brachte wegen der Gestaltung des herrschenden Gefühls eine nicht zu überschauende Wirkung, die bis in die Mode (Werther-Tracht), in alltägliche Umgangsformen, in die Porzellanproduktion[74] und in Biografien reichte. Man starb am „Furore Wertherino", der Werther-Raserei.[75] Diese Schicksale waren denen Goethes ähnlich: Es war das Leben junger Bürgerlicher um 1770, das beschrieben wurde. Die Beschreibungen nannte man „Wertheriaden": Im Weygantschen Verlag, in dem Goethes Roman 1774 erschien, kamen noch viel später solche Wertheriaden (1793 *Narcisse. Eine englische Wertheriade*) heraus. Dieses Bürgertum in der **Zeit der Aufklärung** hatte sich europaweit Geltung verschafft; es griff 1789 mit der Französischen Revolution nach der Macht. Es fand sich mit seinen Konflikten, Gefühlen, Ansprüchen und Interessen in Goethes Roman wieder. Er wurde das Abbild bürgerlicher Lebensprogramme, die sich als Gegensatz zu adliger Normenerstarrung entwickelt hatten, und konnte sich dabei auf Vorbilder aus England und Frankreich berufen. Deshalb blieb der Roman in der bürgerlichen Aufbruchsphase in Europa immer gegenwärtig und wurde Goethes größter Bucherfolg. Der sich 1775 abspielende Streit um den Werther war ein Streit um unterschiedliche Positionen der Aufklärung. Nicolai vertrat eine durchweg rationale Erklärung der Welt, der Stürmer und Dränger Goethe hatte der

> Naturereignis als Genuss

---

74 1795 produzierte die Porzellanmanufaktur Meißen eine Werther-Tasse, deren Untertasse Lotte, deren Tasse Werther und deren Deckel einen Liebesgott zeigte.
75 Georg Christoph Lichtenberg: *Werke*. Berlin und Weimar. Aufbau-Verlag 4. Auflage, 1982, S. 93

2.7 Interpretationsansätze

Weltschmerz

Emotion entscheidendes Gewicht gegeben. Weltschmerz ist „für die unruhig leidenschaftliche Wertherstimmung ... die einzig richtige Bezeichnung".[76] Werthers Weltschmerz, der zum Tod führt, entsteht aus sozialen Widersprüchen und den in Konventionen gepressten Gefühlen. Damit steht der Roman im Vorfeld der Französischen Revolution. Werther strebt für sein Gefühl eine vollkommene Freiheit an, die aber ständig mit den Konventionen der Gesellschaft und ihren Institutionen wie Ehe, Beruf, Kirche (Glauben) usw. zusammenstößt. Werther ist eine Protestgestalt gegen die Ständegesellschaft samt der Kirche wie gegen eine sich entwickelnde philiströse Bürgerlichkeit. Mit der Adelsgesellschaft kommt es zum Zusammenstoß, ein Zusammenstoß, der nach 1775 für Goethe keine Bedeutung mehr hatte, war er doch selbst in diese Adelsgesellschaft eingetreten und wurde 1782 geadelt.

Goethes monologischer Briefroman und die berühmte *Prometheus*-Ode entstanden aus dem gleichen **Lebensgefühl** heraus, das von jugendlichem Aufbegehren, Protest gegen Normen und Vorgaben und vor allem Aufbegehren gegen verfestigte Strukturen und Verhältnisse bestimmt wird. Beim Roman kam die Erschütterung durch Leidenschaft hinzu. Einer der bedeutendsten Augenblicke in Goethes Leben verband sich mit diesem Roman: **Napoleon** hatte ihn sieben Mal gelesen, selbst auf seinem ägyptischen Feldzug, und suchte nun, als er Preußen geschlagen und Thüringen besetzt hatte, am 2. Oktober 1808 in Erfurt mit Goethe das Gespräch über den Roman. Bei aller Begeisterung kritisierte er, dass es „eine Vermischung der Motive des gekränkten Ehrgeizes mit denen der leidenschaftlichen Liebe" gäbe, die nicht „naturgemäß" sei und die Vorstellung von der großen Macht der Liebe schwäche.[77] Goe-

---

76 Hettner, Bd. 2, S. 122
77 Gräf, S. 579 f.

the, der selbst keine Auskunft über das Gespräch gab[78], erkannte den Vorwurf als richtig an.

Das Liebespaar Werther und Charlotte (Lotte) setzte die Reihe der bekannten Paare von der Art Romeo und Julia fort und wurde ähnlich berühmt. Szenen des Romans, wie die Brot für die Geschwister schneidende Lotte, waren als Stiche verbreitet und wurden in Haushalten aufgehängt. Bis in die Gegenwart wurde, wie vor allem Plenzdorfs *Die neuen Leiden des jungen W.* beweist, das Paar immer wieder beschworen.

> Das Liebespaar Werther und Charlotte

---

78 Vgl. Eckermann, S. 96 (2. Januar 1824)

3. Themen und Aufgaben

Die Seitenhinweise beziehen sich auf die vorliegende Erläuterung.

1) Thema: Werthers Konflikt mit der Adelsgesellschaft	Lösungshilfe
- Beschreiben Sie Werthers „Verdruss" in seinem Brief vom 15. März.	15.3.72
- In welchen sozialen Gruppen verkehrt Werther? Wie erlebt er sie?	17.5./22.5.71
- Werther erklärt sich deutlich als ein Bürgerlicher. Erklären Sie, was an Werther bürgerlich ist. Welche Unterschiede zum Adel bestehen?	24.12.72

2) Thema: Werther, die einfachen Menschen, Kinder und Außenseiter	
- Beschreiben Sie die Begegnungen mit diesen Gruppen.	
- Diese Begegnungen wiederholen sich im Roman. Verfolgen Sie die Unterschiede und erklären Sie die Funktion (Zahlensymbolik!) derselben.	S. 28, 34
- Berichten Sie über Rousseaus „negative Erziehung" und Werthers Anwendung derselben. Beschreiben Sie die Bedeutung Rousseaus für Goethes Roman.	S. 60 f., 81 f.

3. Themen und Aufgaben

3) Thema: Werther und das patriarchalische Leben
S. 29, 49 ff.
- Zählen Sie auf und beschreiben Sie, wen Goethe zu den Altvätern (Patriarchen) rechnet und was diese Zuordnung bedeutet. Erklären Sie Homers Zuordnung.
- Kennzeichnen Sie Realität und Vorstellung eines „patriarchalischen" Lebens im Roman. Gehen Sie auf die Unterschiede zwischen Albert und Werther ein.
- Wie lässt sich Werthers Naturverständnis mit dem patriarchalischen Leben verbinden? Denken Sie an Werthers Aufenthalte auf dem Lande.

4) Thema: Werthers Geständnis- und Abschiedsbrief
16.6.71/21.–22.12.72
- Welche Ereignisse führen zu den beiden Briefen? Was schreibt Werther?
- Welche sprachlichen Mittel setzt Werther in diesen Briefen ein?
S. 68 f.
- Sprechen Sie über die Sprache des Romans und Werthers Auskünfte darüber.
- Verfolgen Sie Werthers Verhältnis zum Freitod und seine Gespräche darüber.
- Wie stehen Freiheit und Tod zueinander?
S. 29 f., 40 ff.

3. Themen und Aufgaben

5) Thema: Die Rolle der literarischen Beispiele

- Beschreiben Sie die Bedeutung Homers und Ossians für den Roman.   S. 25, 27, 33, 62 f.
- Wie schlagen sich die literarischen Beispiele direkt im Text nieder? Gehen Sie vor allem der Bedeutung Klopstocks nach; erklären Sie die Gedichte.   16.6.71
- Versuchen Sie die Bedeutung von Lessings *Emilia Galotti* am Ende des Romans zu erklären. Königs Erläuterungen: Lessing. *Emilia Galotti,* Hollfeld: Bange 2002.   S. 78

6) Thema: Die Frauen im Roman

- Beschreiben Sie Werthers Lotte. Was beeindruckt Werther an ihr?
- Gehen Sie auf die anderen Frauengestalten ein und vergleichen Sie sie mit Lotte (z. B. Fräulein B., die junge Mutter, die Bauernwitwe, Werthers Mutter)

7) Thema: Das Verhältnis Werther-Goethe   S. 13 ff., 20 ff.

- Vergleichen Sie Goethes Biografie mit dem, was er uns über Werther mitteilt.
- Vergleichen Sie andere biografische Details (von Jerusalem, Charlotte und Christian Kestner, Maximiliane) mit dem Roman und erklären Sie deren Bedeutung.

8) Thema: Werther und die Folgen
- Berichten Sie über die Werther-Tracht und die Mode, Wirkungen des *Werther*.
- Vergleichen Sie Goethes und Plenzdorfs *Werther*-Texte miteinander.
- Wie entwickelte sich Goethes Verhältnis zu seinem Roman? Interpretieren Sie die Elegie *An Werther*.

S. 16 ff., 24 f.

9) Thema: Die Sprache der Empfindsamkeit
- Benennen Sie sprachliche Auffälligkeiten, Sprachbarrieren oder Verständnisschwierigkeiten. Erklären Sie die Wirkung des Briefromans.
- Vergleichen Sie die Beschreibung von Werthers Tod durch den Herausgeber und Werthers Abschiedsbrief. Beschreiben Sie ihr Verhältnis zu Werther.
- Beschreiben Sie den Rahmen und Parallel- bzw. Spiegelhandlungen: Vorwort und Epilog, die verschiedenen eingeschobenen Handlungen und den Kontakt mit dem Leser. Beschreiben Sie die Funktion dieser einzelnen Romanteile.

S. 23 f., 37

S. 27 ff.

3. Themen und Aufgaben

> **10) Thema: Die Rolle der Natur im Roman**
> - Wie verhalten sich Handlung und Landschaftsbeschreibungen zueinander?   4. 5. und 10. 5. 71; 12. 12. 72
> - Vergleichen Sie Landschaftsbeschreibungen vom Beginn mit denen vom Ende des Romans.   12. 5., 26. 5. 71, 12. 12. 72
> - Vergleichen Sie den jahreszeitlichen Ablauf und Werthers Leben miteinander.

4. Rezeptionsgeschichte

Goethe sah sich durch seinen *Werther*

> *"aus einem stürmischen Elemente gerettet, auf dem ich durch eigene und fremde Schuld, durch zufällige und gewählte Lebensweise, durch Vorsatz und Übereilung, durch Hartnäckigkeit und Nachgeben auf die gewaltsamste Art hin und wieder getrieben worden."*[79]

Ganz anders betrachteten die Betroffenen die Lage. Kestner schrieb einem Freund, dass Goethe ihnen „keinen angenehmen Dienst" getan habe, „indem mich vieles darin verdrießt sowie meine Frau auch und der Erfolg uns doppelt verdrießt"[80]. Nur brachte Werthers Tod die **Rettung des Dichters**. Die Zeitgenossen sahen die Gefahr, die davon ausging. Friedrich Nicolai lobte zwar Werthers Charakter als „trefflich geeignet" für die Literatur, „aber wer im wirklichen Leben Werthers Denkungsart und Handlungsweise nachahmen will, ist ein Narr."[81] Ebenso wünschte Lessing, Goethe hätte „ein paar Winke" gegeben, „wie Werther zu einem so abenteuerlichen Charakter gekommen" sei.[82] Der spitze Aphoristiker Georg Christoph Lichtenberg (1742–99) formulierte noch schärfer: „Wer seine Talente nicht zur Belehrung und Besserung anderer anwendet, ist entweder ein schlechter Mann oder äußerst eingeschränkter Kopf. Eines von beiden muss der Verfasser des leidenden Werther sein."[83] Er erklärte die Verbreitung des

---

79 *Dichtung und Wahrheit*. BA 13, S. 631f.
80 Bode, Bd. 1, S. 76 (Brief vom 7. 11. 1774 an Hennings)
81 Friedrich Nicolai: ‚Kritik ist überall, zumal in Deutschland nötig'. *Satiren und Schriften zur Literatur*. Leipzig und Weimar: Gustav Kiepenheuer Verlag, 1987, S. 153
82 ebd.
83 Georg Christoph Lichtenberg: *Werke*. Berlin und Weimar: Aufbau-Verlag 4. Auflage 1982, S. 98

4. Rezeptionsgeschichte

Buches unter der studierenden Jugend damit, dass „die Summe leerer Köpfe" größer als je sei; es seien „Schafengel", die nur weinten, „Silhouetten" zeichneten und über den „Trieb" spekulierten.[84] Die schönste Stelle im *Werther* sei, wo sich der „Hasenfuß erschießt"[85]. Die schärfsten **Angriffe auf den Roman** kamen aus kirchlichen Kreisen. Der Kanonikus Christian Ziegra geiferte gegen ihn 1775 als „verfluchungswürdige Scharteke", „giftige Schlange" und „Lockspeise des Satans".[86] Lessings Hauptgegner Goeze forderte, den Roman zu „konfiszieren und bei hoher Strafe zu verbieten" und dehnte seine Angriffe gleich auf wohlwollende Kritiker aus, denen man auf die Finger sehen solle, um „dieses so weit ausgestreute giftige Unkraut auszurotten"[87].

Friedrich Nicolai nahm den *Werther* als Roman, und parodierte ihn mit den *Freuden des jungen Werthers* „recht tüchtig"[88]: Werthers Pistole war mit Hühnerblut geladen; Albert entsagt Lotte, Lotte heiratet Werther:

> *„In wenigen Monaten ward Werthers und Lottens Hochzeit vollzogen. Ihre ganzen Tage waren Liebe, warm und heiter wie die Frühlingstage ... Nach zehn Monaten war die Geburt eines Sohns, die Losung unaussprechlicher Freude."*[89]

Goethe reagierte mehrfach darauf: Er schrieb eine Szene, die Werther und Lotte als Ehepaar zeigte. Werther hatte sich nur blind geschossen und Lotte pflegte ihn. Es mündet alles in einen biederen Hausstand: „Küss mich, Weibchen, und mach, dass wir zu Nacht essen. Ich möchte zu Bette ..." (Werther)[90].

---

84 ebd., S. 102 f.
85 ebd., S. 104
86 In der so genannten *Schwarzen Zeitung* am 21. März 1775. Vgl. Reuter, S. 110
87 Zit. nach Reuter, S. 111
88 Wolfgang Leppmann: *Goethe und die Deutschen*. Stuttgart 1962, S. 36
89 Friedrich Nicolai: ‚*Kritik ist überall, zumal in Deutschland, nötig.*' *Satiren und Schriften zur Literatur*. Leipzig und Weimar: Gustav Kiepenheuer Verlag 1987, S. 21
90 ebd., S. 263

Die Grenze des seinerzeit Gestatteten übertretend und Fäkalienbegriffe benutzend beschrieb Goethe Nicolais Werk als Notdurft auf Werthers Grab und ließ Nicolai sagen: „Hätt er geschissen so wie ich,/Er wäre nicht verdorben!"[91] Witzig war Goethes *Stoßgebet* gegen Nicolai: „Vor Werthers Leiden,/ Mehr noch vor seinen Freuden/Bewahr uns, lieber Herre Gott!"[92]

Zu Beginn der heftigen und umfangreichen Auseinandersetzung hatte auch Jakob Michael Reinhold Lenz seine *Briefe über die Moralität der Leiden des jungen Werthers* (1774/75) geschrieben. Er stand auf dem Höhepunkt seines Schaffens und wurde von Freunden und Zeitgenossen als **Goethes „jüngerer Bruder"** betrachtet.[93] Die Briefe blieben bis 1918 unbekannt, denn Friedrich Heinrich Jacobi und Goethe entschlossen sich, sie nicht zu veröffentlichen, zumal eine Zustimmung Lenz' in der Öffentlichkeit, die Lenz als Nachahmer und unkonventionellen Menschen abgestempelt hatte, keine Empfehlung war. Zudem waren ihnen diese Briefe zu gefühlsgeladen und zustimmend. Lenz hatte Nicolais *Werther*-Parodie als Beispiel des aufklärerischen Literaturkonzepts angegriffen – „die allerelendsten Plattheiten"[94] – und Forderungen der jungen Generation erhoben. Den Vorwurf, der Roman sei „eine subtile Verteidigung des Selbstmords"[95], wies Lenz unter Verweis und Vergleich des Romans mit Homers Werken zurück. Im *Achten Brief* findet Lenz in seiner überschwänglichen Begeisterung für den Roman eine treffende Beschreibung:

---

91 BA 9, S. 259
92 Goethe: *Stoßgebet*. In: BA 9, S. 260
93 So schrieb Herder am 3. Juni 1775 an Hamann. Vgl. Bode, Bd. 1, S. 128
94 Jakob Michael Reinhold Lenz: *Briefe über die Moralität der Leiden des jungen Werthers*. In: Werke und Briefe. Hg. von Sigrid Damm. Leipzig: Insel-Verlag 1987, Bd. 2, S. 677
95 ebd., S. 675

4. Rezeptionsgeschichte

> *"... Werther ist ein Bild, meine Herren, **ein gekreuzigter Prometheus,** an dessen Exempel ihr euch bespiegeln könnt und eurem eigenen Genie überlassen ist, die nützlichste Anwendung davon zu machen."*[96]

Erst als Lenz in Wahnsinn verfiel und sich Hass auf Goethe einstellte, schlug die Bewunderung für den *Werther* in Ausfälle gegen den Roman in *Über Delikatesse der Empfindung oder Reise des berühmten Franz Gulliver* (1791) um.[97]

Kant lehnte in seiner *Kritik der praktischen Vernunft* (1788) Romanhelden ab, die sich „nach unersteiglicher Vollkommenheit" sehnten und meinte damit Werther. Ihre Übersteigerung, „ihr Gefühl für das überschwänglich Große" hindere sie an der „Beobachtung der gemeinen und gangbaren Schuldigkeit, die alsdann ihnen nur unbedeutend klein scheint". Friedrich Schiller zählte in seiner Beschreibung von Dichtungsarten *Über naive und sentimentalische Dichtung* (1795) Goethes *Werther* zur sentimentalischen Dichtung, weil Werther „mit glühender Empfindung ein Ideal umfasst und die Wirklichkeit flieht, um nach einem wesenlosen Unendlichen zu ringen."[98]

Die ungeheure Wirkung des Romans reichte in andere Gattungen hinein: In Wien inszenierte man ein dreiaktiges tragisches Ballett *Der junge Werther* und begeisterte mit einem Feuerwerk, das den Titel trug: *Werthers Zusammenkunft mit Lottchen im Elysium.*[99] Der Roman fand zahlreiche Nachahmungen, wobei sich die meisten auf die Liebe des Mannes zu einer verheirateten Frau konzentrierten und den sozialen Aspekt Goethes vernachlässigten. Das traf etwa auf Johann Martin Millers *Siegwart, eine Klostergeschichte* (1776) – „eine trübselige Liebes-

---

96 ebd., S. 685
97 Vgl. dazu: Hettner, Bd. 2, S. 195
98 Friedrich Schiller: *Über naive und sentimentalische Dichtung.* In: Sämtliche Werke. Hg. von Gustav Karpeles. Leipzig: Max Hesses Verlag o. J., Bd. 12, S. 144
99 Brandes, S. 126

4. Rezeptionsgeschichte

geschichte von flachster Weinerlichkeit"[100] – und J. M. R. Lenz' Briefroman *Der Waldbruder, ein Pendant zu Werthers Leiden* (1776, erst 1797 in den *Horen* gedruckt) zu, das Manuskript schenkte Lenz 1776 Goethe, der sich aber beleidigt fühlte. Lenz versuchte aus persönlichen Erlebnissen eine Variante des *Werthers* zu schaffen. Dabei beziehen die Figuren ihre Profile aus der Wirklichkeit: Herz ist Lenz, Rothe ist Goethe, Honesta ist Frau von Stein usw. Herz und Rothe sind gegensätzliche Charaktere: Während Rothe sich aus dem Werther-Konflikt als zynischer Rationalist löst und dadurch seine gesellschaftliche Stellung behält, löst sich Herz durch Flucht aus diesem Konflikt: Er geht als Soldat nach Amerika, ein in Wirklichkeit und Literatur verbreiteter Vorgang. Der Briefroman besteht aus einem Briefwechsel. Herz (alias Lenz) wird im Roman als ein „neuer Werther"[101] bezeichnet.

Zahlreiche Beispiele gab es, dass Gedichte Lottes Verhalten an Werthers Grab schilderten oder die Leiden Werthers aus der Perspektive Lottes aufrollten (A. K. Stockmann *Die Leiden der jungen Wertherin*; 1775). Dramatisierungen folgten, später Parodien oder Stücke der Schauerdramatik. Besonders in Frankreich fanden sich immer wieder Dichter, die den Stoff fortsetzten, variierten oder nach anderen Lösungen suchten, unter ihnen Alexandre Dumas (*Antony*, 1831).[102]

Das **Schicksal des Verbotes** ereilte den *Werther*. Grund war nach dem Gutachten des Theologen Ernesti, bei dem Goethe in Leipzig gehört hatte, die Anleitung zum Selbstmord: „Diese Schrift ist eine Apologie und Empfehlung des Selbstmordes; und es ist auch um des Willen gefährlich, weil es in witziger und einneh-

> Schicksal des Verbotes

---
100 Hettner, Bd. 2, S. 315
101 Jakob Michael Reinhold Lenz: *Der Waldbruder, ein Pendant zu Werthers Leiden*. In: Werke und Briefe. Hg. von Sigrid Damm. Leipzig: Insel-Verlag 1987, Bd. 2, S. 389
102 Vgl. dazu: Elisabeth Frenzel: *Stoffe der Weltliteratur*. Stuttgart: Alfred Kröner Verlag 1988 (7., verbesserte und erweiterte Auflage), S. 787–790

mender Schreibart abgefasst ist."[103] Als das Verbot in Christian Friedrich Daniel Schubarts *Deutscher Chronik* erschien, stieg das Aufsehen, das der Roman schon gemacht hatte, zur Sensation. Schubart (1739–91) selbst sah sich nicht in der Lage, den Roman zu kritisieren, weil er ihn mit „wollüstigem Schmerz" nachempfunden hatte und überschwänglich loben konnte. Strengste Verbote des Werthers, ein so genanntes Generalverbot, das auch Bearbeitungen usw. einschloss, gab es in Sachsen und Österreich. Bis 1814 war Goethe in Dänemark und Norwegen bekannt als Verfasser eines Buches, das man nicht kannte, „weil seine Übersetzung von der Polizei als die Moralität und Sitten verderbend verboten war" (Adam Oehlenschläger).

Die Mode wurde von Werther bestimmt: Junge schwärmerische Menschen, die ihre Lebenssehnsucht mit dem Tode stillen wollten, trugen die Werther-Tracht: blauer Frack mit Messingknöpfen, gelbe Weste und Hosen, braune Stulpenstiefel, Filzhut, Haare offen und ungepudert. Freunde und Zeitgenossen Goethes besuchten einander in dieser Tracht. Der Roman wurde zu einem europäischen Ereignis: Er wurde schnell übersetzt: 1775 ins Französische, es folgten in drei Jahren fünf weitere, Goethe eroberte Frankreich und Autoren wie Madame de Stael geradezu mit diesem Roman[104]; 1776 ins Holländische, 1779 ins Englische, 1781 ins Italienische und ins Russische, 1783 ins Schwedische. 1779 dichtete Goethe über chinesische Glasmalereien: Er ging auf den Ruhm seines Werthers, „den zerrütteten Gast", in Deutschland, Frankreich und England ein, aber er habe davon nichts gehabt. „Doch was fördert es mich, dass auch sogar der Chinese/Malet mit

---

103 Houben: *Der polizeiwidrige Goethe*. Berlin: G. Grote Verlag, 1932, S. 7 f.; zu Oehlenschläger vgl. S. 22 f.
104 Vgl. Brandes, S. 588

ängstlicher Hand Werthern und Lotten auf Glas?"[105] Thomas Mann berichtete die Geschichte, dass ein junger Engländer,

> „der in späteren Jahren nach Weimar kam und Goethe vorübergehen sah, auf offener Straße ohnmächtig wurde, da er sich zu viel zugemutet hatte und es über seine Kräfte ging, den Verfasser des Werthers in Person zu erblicken".[106]

Bekannt wurde 1892 Jules Massanets (1842–1912) Oper *Werther*, 1893 aufgeführt in der Opéra Comique (Paris); sie blieb bis in die Gegenwart populär. Unter den zahlreichen Nachfolgern ist das bekannteste Werk **Thomas Manns *Lotte in Weimar***[107] (1939); in diesem Zusammenhang beschäftigte sich Thomas Mann mit Goethes Roman und schrieb seinen Essay *Goethes ‚Werther'* (1941). Einer der erfolgreichsten Texte in der Nachfolge Goethes wurde **Ulrich Plenzdorfs *Die neuen Leiden des jungen W.***[108] Der Prosatext, ursprünglich 1968/69 als Film-Erzählung entstanden, wurde zu einem Mode- und Kultbuch, die Bühnen-Dramatisierung ein ähnlicher Erfolg. Nach einem Aufführungsjahr in Halle (Saale) gab es immer noch ausverkaufte Häuser. Im Rahmen des alten Werther-Paradigmas gewinnt die neue Erzählung an Aussagekraft, weil sie einen Vergleich nicht nur ermöglicht, sondern erzwingt. Edgar Wibeau, der neue Werther, verschlüsselt seine Lebenssituation mit Werther-Zitaten und verschließt sie so vor seinen

---

[105] Goethe: *Epigramme*. Venedig, Nr. 34b. in: BA 1, S. 229
[106] Thomas Mann: *Goethes Werther*. In: Thomas Mann: *Altes und Neues*. Kleine Prosa aus fünf Jahrzehnten. Berlin und Weimar: Aufbau-Verlag 1965, S. 229
[107] 1975 wurde der Roman Thomas Manns von Egon Günther für die DEFA verfilmt: Die Lotte spielte Lilli Palmer, Goethe wurde von Martin Hellberg dargestellt. Selbst in Nebenrollen traten berühmte Schauspielerinnen auf: die Schwiegertochter Goethes Ottilie von Pogwisch wurde von Katharina Thalbach und Adele Schopenhauer von Jutta Hoffmann gespielt. Mit diesem Film beteiligte sich die DDR erstmals an den Filmfestspielen in Cannes.
[108] Vgl. dazu: Götz Großklaus: *West-östliches Unbehagen. Literarische Gesellschaftskritik in Ulrich Plenzdorfs Die neuen Leiden des jungen W. und Peter Schneiders Lenz*. In: Basis. Jahrbuch für deutsche Gegenwartsliteratur, Band 5, 1975, Hg. von Reinhold Grimm und Jost Hermand. Frankfurt am Main: Suhrkamp 1975, S. 80–99

4. Rezeptionsgeschichte

Freunden, die Edgars Text nicht dechiffrieren können, weil sie nichts von Goethes *Werther* wissen.[109] Auch Max Frischs *Stiller* wurde als Parodie und Plagiat Werthers gelesen, zahlreiche Entsprechungen wurden gefunden und der Bezug zwischen den Romanen als „Kritik und Widerlegung empfindsamer Existenz" verstanden.[110]

Verfilmungen

Mehrere **Verfilmungen** des Romans gab es: *Werther*, Frankreich 1910 (Regie: A. Calmettes); *Werther*, Frankreich 1938 (Regie: Max Ophüls); *Begegnung mit Werther*, Deutschland 1949 (Regie: Karl Heinz Stroux); *Die Leiden des jungen Werthers*, DDR 1976 (Regie: Egon Günther, Szenarium: Helga Schütz). 1993 verfilmte Jaques Doillon den Roman *Le jeune Werther* als Geschichte unter heutigen jungen Leuten in Paris, für die Liebe nur noch aus Sex besteht. Ismail (Albert) und Théo (Werther) verlieben sich gleichermaßen in Miren, aber während Théo nur Mirens Aussehen interessiert, liebt Ismael andere Werte. Weil Théo Miren für sexuell unerfahren hält, bekommt Ismail seine Chance und keiner wird sich das Leben nehmen. Das hat schon einer zu Beginn getan: Guillaume, der Wilhelm des Romans; damit ist die Möglichkeit des Briefromans außer Kraft gesetzt.

Psychiater diskutieren seit dem Erscheinen des Romans den **Werther-Effekt**, „den Kurzschluss vom Reden hin zu Tat" und sehen sich in jüngster Zeit mit diesem Effekt verstärkt konfrontiert.[111] Die dem Effekt verfallen kennen den Ursprung des Effektes nicht: Der Roman wurde geschrieben, um Selbstmordgedanken zu überwinden.

---

109 Vgl. Klatt, S. 373–377. Plenzdorfs *Die neuen Leiden des jungen W.* wurden wiederum unter Rückbesinnung auf Goethes *Werther* variiert in Volker Brauns *Unvollendeter Geschichte* (1975). Brauns Karin sieht das Werther-Problem in der Auswirkung weltgeschichtlicher Auseinandersetzungen im einzelnen menschlichen Leben.
110 Wierlacher, S. 271
111 Irina Repke u. a.: „Let it be". In: Der Spiegel 2001, Nr. 9, S. 79

5. Materialien

Johann Heinrich Merck, ein Freund Goethes, zeigte den Roman in der Allgemeinen Deutschen Bibliothek 1775, Bd. 26, 1. Stück an:

„Das innige Gefühl des Verfassers, womit er die ganze, auch die gemeinste ihn umgebende Natur zu umfassen scheint, hat über alles eine unnachahmliche Poesie gehaucht. Er sei und bleibe allen unsern angehenden Dichtern ein Beispiel der Nachfolge und Warnung, dass man nicht den geringsten Gegenstand zu dichten und darzustellen wage, von dessen wahrer Gegenwart man nicht irgendwo in der Natur einen festen Punkt erblickt habe, es sei nun außer uns oder in uns. Wer nicht den epischen und dramatischen Geist in den gemeinsten Szenen des häuslichen Lebens erblickt, … der wage sich nicht in die ferne Dämmerung einer idealischen Welt, wo ihm die Schatten von nie gekannten Helden, Rittern, Feen und Königen nur von weitem vorzittern."[112]

In *Über naive und sentimentalische Dichtung* (1795) stellte Schiller Goethes *Werther* an repräsentative Stelle in der sentimentalischen Dichtung, die nicht Natur ist, sondern die nach Natur sucht:

„Ein Charakter, der mit glühender Empfindung ein Ideal umfasst und die Wirklichkeit flieht, um nach einem wesenlosen Unendlichen zu ringen, der, was er in sich selbst unaufhörlich zerstört, unaufhörlich außer sich sucht, dem nur seine Träume das Reelle, seine Erfahrungen ewig nur Schranken sind, der endlich in seinem eigenen Dasein nur eine Schranke sieht und auch diese, wie billig ist, noch einreißt, um zu der wahren Realität durchzudringen –

---
112 Vgl. Hettner, Bd. 2, S. 319

5. Materialien

dieses gefährliche Extrem des sentimentalischen Charakters ist der Stoff eines Dichters geworden, in welchem die Natur getreuer und reiner als in irgend einem andern wirkt, und der sich unter modernen Dichtern vielleicht am wenigsten von der sinnlichen Wahrheit der Dinge entfernt.

Es ist interessant, zu sehen, mit welchem glücklichen Instinkt alles, was dem sentimentalischen Charakter Nahrung gibt, im Werther zusammengedrängt ist: schwärmerische unglückliche Liebe, Empfindsamkeit für Natur, Religionsgefühl, philosophischer Kontemplationsgeist, endlich, um nichts zu vergessen, die düstere, gestaltlose, schwermütige Ossiansche Welt."[113]

Anhaltend hat sich Thomas Mann mit Goethes Roman beschäftigt, schon im Hinblick auf seinen eigenen Roman *Lotte in Weimar*, der wiederum zur Rezeptionsgeschichte von Goethes Roman gehört. Für die zeitgenössische Wirkung hat Thomas Mann in seinem Aufsatz *Goethes ‚Werther'* (1941) jene zeitgenössischen Faktoren benannt, die den *Werther* zum bejubelten Buch der jungen Generation werden ließ:

„Überdruss an der Zivilisation, Emanzipation des Gefühls, wühlende Sehnsucht nach Heimkehr ins Natürlich-Elementare, Rütteln an den Fesseln einer erstarrten Kultur, Revolte gegen Konvention und bürgerliche Enge, alles trat zusammen, um den Geist gegen die Beschränkung der Individuation selbst anrennen und ein schwärmerisch grenzenloses Lebensverlangen die Gestalt der Todessehnsucht annehmen zu lassen. Melancholie, Überdruss am rhythmischen Einerlei des Lebens war gang und gäbe. In Deutschland wurde die Bewegung, die man ‚Weltschmerz' nennt, verstärkt

---

[113] Friedrich Schiller: *Über naive und sentimentalische Dichtung.* In: Sämtliche Werke. Hg. von Gustav Karpeles. Leipzig: Max Hesses Verlag o. J., Bd. 12, S. 144

durch die Vertiefung in eine gewisse Grabespoesie, die die englische Literatur damals hervorbrachte."[114]

Zum Film *Die Leiden des jungen Werthers* (Regie: Egon Günther, 1976) schrieb der Dramaturg und Dramatiker Gerd Focke:

"Ein junger Mann liebt ein bereits einem anderen versprochenes Mädchen, zerbricht am Scheitern seiner Liebe und endet durch Selbstmord. Ein derartiger Dreieckskonflikt könnte die Konstellation eines Kolportageromanes sein, wenn der Verfasser nicht Johann Wolfgang von Goethe hieße. So aber bewegt das literarische Werk, das er auf dieser Situation aufbaute, seit seiner Entstehung im Jahre 1774 immer wieder nicht nur die Gemüter der Literaturwissenschaftler, sondern vor allem auch der jüngeren Leser auf das heftigste. ... Für seine (Regisseur Egon Günther, R. B.) Drehbuchautorin Helga Schütz und ihn ist der Werther dabei nicht der krankhafte Schwächling, von dem die bürgerliche Literaturkritik ausgeht, sondern ein vitaler junger Bursche, der die Natur liebt und geistige Enge, wie jeden äußeren Zwang, verabscheut. Werther erkennt seine Ohnmacht gegenüber Reglement und Konvention, die sich im Verhältnis des deutschen Bürgertums zum Adel offenbaren, und sucht in der Liebe einen scheinbaren Ausweg, eine Selbstbefreiung. Ihr Scheitern muss bei Werthers Charakter, dem der Weg echter Empörung verschlossen ist, zwangsläufig zur Selbstzerstörung führen."[115]

---

114 Thomas Mann: *Goethes Werther*. In: Thomas Mann: *Altes und Neues*. Kleine Prosa aus fünf Jahrzehnten. Berlin und Weimar: Aufbau-Verlag 1965, S. 229
115 Gerd Focke: Eine Version, die modern und doch zeitgerecht ist. Egon Günther verfilmte *Die Leiden des jungen Werthers*. In: Freiheit, Halle, vom 7. 9. 1976

5. Materialien

Anderen erschien der Film als misslungen, weil das „Faustische" in ihm „weitestgehend getilgt" worden sei; er schien gescheitert, weil die Größe von Werthers „Lebens- und Weltentwurf" nicht begreifbar geworden sei.[116] Das aber war in Goethes Roman nicht zu finden und bedeutete eine Überforderung der Vorlage. Werther war, wie Lenz es richtig sagte, ein „gekreuzigter Prometheus".

---

116 Fred Gehler: *Die Leiden des jungen Werthers*. In: Sonntag, Berlin 1976, Nr. 38

Literatur

1) Ausgaben

Goethe, Johann Wolfgang: *Die Leiden des jungen Werther.*
Nachwort von Ernst Beutler. Stuttgart: Reclam, 2001
(Nach dieser Ausgabe wird zitiert.)

Der junge Goethe, neu bearbeitete Ausgabe von Hanna Fischer-Lamberg, 5 Bände, Berlin 1968 (*Die Leiden des jungen Werther* in Bd. IV)

Der junge Goethe in seiner Zeit. In zwei Bänden und einer CD-ROM hg. von Karl Eibl, Fotis Jannidis und Marianne Willems. Frankfurt/Main: Insel Verlag, 1998
(Auf der CD-ROM werden alle Schriften des jungen Goethe eingebettet in historische Kontexte wie Rezensionen, Briefe und Zeugnisse von Zeitzeugen.)

Goethes Werke, Bd. 6 (Hamburger Ausgabe), hg. und durchg. von Erich Trunz, kommentiert von E. T. und Benno von Wiese. Hamburg: Wegner 1951; München: C. H. Beck, [10]1981
(Sehr gut kommentierte Ausgabe für weiterführende Arbeit)

Goethe. *Poetische Werke,* Bd. 9 (Berliner Ausgabe), bearbeitet von Margot Böttcher, Werner Liersch und Annemarie Noelle, Berlin: Aufbau-Verlag, 1961
(Sehr gut erläutert und kommentiert, eignet sich für speziellere Arbeiten)

Literatur

Herder/Goethe/Möser: *Von Deutscher Art und Kunst.* Leipzig: Verlag Philipp Reclam jun., 1960
(Darin Herders Ossian-Aufsatz und Goethes ‚Von Deutscher Baukunst')

Bode, Wilhelm (Hg.): *Goethe in vertraulichen Briefen seiner Zeitgenossen,* Bd. 1-3, Berlin und Weimar: Aufbau-Verlag, 1979, München, 1982

Eckermann, Johann Peter: *Gespräche mit Goethe in den letzten Jahren seines Lebens 1823-1832,* Berlin: Aufbau-Verlag, 1962

Götting, Franz (Hg.): *Chronik von Goethes Leben.* Leipzig: Insel, 1957

Gräf, Hans Gerhard (Hg.): *Goethe über seine Dichtungen.* Teil 1, Bd. 2 (S. 493-695). Frankfurt a. M. 1902

Kestner, August (Hg.): *Goethe und Werther.* Briefe Goethes, meistens aus seiner Jugendzeit, mit erläuternden Dokumenten. Stuttgart und Tübingen 1854, neu hg. von Eduard Berend: *Goethe, Kestner und Lotte.* München 1914

2) Lernhilfen und Kommentare für Schüler

Gysi, Klaus u. a.: *Die Leiden des jungen Werthers.* In: Klassik. Erläuterungen zur deutschen Literatur. Berlin: Volk und Wissen, 1965

Hein, Edgar: *Johann Wolfgang Goethe. Die Leiden des jungen Werther.* Oldenbourg Interpretationen, Band 52, München: R. Oldenbourg Verlag GmbH 1997 (2., überarbeitete und korrigierte Auflage)

Korten, Christine: *Erläuterungen zu Johann Wolfgang von Goethe, Die Leiden des jungen Werther.* Hollfeld: C. Bange Verlag, 2. Auflage, 1997
(Vorläufer des vorliegenden Buches)

Poppe, Reiner: *Johann Wolfgang Goethe. Die Leiden des jungen Werthers.* Blickpunkt – Text im Unterricht, BL 509. Hollfeld: Joachim Beyer Verlag, 1998

Rothmann, Kurt: *Johann Wolfgang Goethe. Die Leiden des jungen Werther.* Erläuterungen und Dokumente. Stuttgart: Reclam, 1971, revidierte Ausgabe 2000
(materialreiche Zusammenstellung von Erklärungen, Aussagen und Zeugnissen zum Roman zur weiterführenden Beschäftigung, mit umfangreichen Literaturangaben)

Stückrath, Jörn: *Johann Wolfgang Goethe: Die Leiden des jungen Werthers.* In: Deutsche Romane von Grimmelshausen bis Walser: Interpretationen für den Literaturunterricht. Hg. Jakob Lehmann, Bd. 1, Königstein/Ts.: Scriptor Taschenbücher, 1982, S. 27–47

3) Sekundärliteratur

Beutler, Ernst: *Wertherfragen.* In: Goethe-Jahrbuch. Neue Folge. Hg. von der Goethe-Gesellschaft, 5. Jahrgang , Weimar 1940, S. 138–160 (s. a. Beutler, Ernst: *Nachwort.* In: *Goethe. Die Leiden des jungen Werther.* Stuttgart: Reclam Nr. 67, 2001)

Literatur

Blumenthal, Hermann (Hg.): *Zeitgenössische Rezensionen und Urteile über Goethes Götz und Werther*. Berlin, 1935

Brandes, Georg: *Goethe*. Berlin: Erich Reiss Verlag, 1922
(trotz ihres Alters gute und mit unbekannten Materialien zur Rezeption arbeitende Gesamtdarstellung)

Conrady, Karl-Otto: *Goethe. Leben und Werk*. München und Zürich 1994

Eissler, Kurt R.: *Goethe. Eine psychoanalytische Studie 1775–1786*, hg. von Rüdiger Scholz, 2 Bände, München 1987

Friedenthal, Richard: *Goethe. Sein Leben und seine Zeit*. München: R. Piper & Co Verlag, 1963

Geerdts, Hans-Jürgen: *Johann Wolfgang Goethe*. Leipzig: Reclam, 1972

Hettner, Hermann: *Geschichte der deutschen Literatur im achtzehnten Jahrhundert*. 2 Bände, Berlin: Aufbau-Verlag, 1961
(Besonders im 2. Band finden sich weiterführende Bemerkungen zum Roman)

Höfer, Anja: *Johann Wolfgang von Goethe*. (dtv portrait). München: dtv, 1999
(Eine kurze, übersichtliche und leicht verständliche Einführung in Leben und Werk.)

Jäger, Georg: *Die Leiden des alten und neuen Werther*. Kommentare, Abb., Materialien zu Goethes *Leiden des jungen Werthers* und Plenzdorfs *Die neuen Leiden des jungen W*. München, Wien: Hanser, 1984 (Literatur-Kommentare; 21)

Klatt, Gudrun: *"Modebuch" und Diskussionen "über das Leben selbst"*. Ulrich Plenzdorfs *Die neuen Leiden des jungen W.* In: Werke und Wirkungen. Hg. von Inge Münz-Koenen. Leipzig: Reclam, 1987

Lenz, Jakob Michael Reinhold: *Über Götz von Berlichingen*. In: Werke und Briefe in drei Bänden. Hg. von Sigrid Damm. Leipzig: Insel-Verlag, 1987

Lösch, Michael: *Who's who bei Goethe*. München: dtv, 1998

Mayer, Hans: *Goethe*. Hg. von Inge Jens. Frankfurt am Main: Suhrkamp Verlag, 1999

Mehring, Franz: *Johann Wolfgang Goethe* (1899). In: Gesammelte Schriften, hg. von Thomas Höhle u. a., Band 10, Berlin: Dietz Verlag, 1961

Michel, Christoph (Hg.): *Goethe. Sein Leben in Bildern und Texten*. Vorwort von Peter Goldammer. Frankfurt am Main: Insel Verlag und Berlin und Weimar: Aufbau-Verlag, 1982
(hervorragende Dokumentation mit zahlreichem Bild- und Dokumentenmaterial)

Migge, Walther: *Goethes Werther. Entstehung und Wirkung*. In: Insel-Almanach 1973. *Die Leiden des jungen Werthers*. Goethes *Werther* als Schule der Leidenschaften. Frankfurt a. M.: Insel-Verlag, 1972, S. 23–69
(Almanach mit anderen Beiträgen zu Werther und 31 Illustrationen, Zeittafel und Bibliografie)

Literatur

Müller, Peter: *Zeitkritik und Utopie in Goethes Roman Die Leiden des jungen Werthers*. Berlin: Rütten & Loening, ²1983 (Germanistische Studien); (vgl. auch Müller, Peter: *Angriff auf die humanistische Tradition*. 2 Teile. In: Weimarer Beiträge, Berlin 1973, Nr. 1 und 3)

Nollau, Alfred: *Das literarische Publikum des jungen Goethe von 1770 bis zur Übersiedlung nach Weimar*. Mit einem Anhang: Neudrucke bisher unveröffentlichter *Götz*- und *Werther*-Kritiken der Zeit. Weimar: Literatur und Leben 5, 1935

Reuter, Hans-Heinrich: *Der gekreuzigte Prometheus: Goethes Roman Die Leiden des jungen Werthers*. In: Goethe-Jahrbuch. Hg. von Helmut Holtzhauer. Weimar: Verlag Hermann Böhlaus Nahfolger, 89. Bd., 1972, S. 86–115
(übersichtliche und gründliche wissenschaftliche Darstellung von der Entstehung über die Interpretation bis zur Wirkung)

Wierlacher, Alois: *Max Frisch und Goethe. Zum Plagiatprofil des Stiller*. In: Goethe-Jahrbuch. Hg. von Karl Heinz Hahn. Weimar: Verlag Hermann Böhlaus Nachfolger, 103. Bd., 1986, S. 266–277

4) Materialien aus dem Internet

Goethes Werke online finden Sie unter:
http://gutenberg.spiegel.de/autoren/goethe.htm

Eine ausgezeichnete Linksammlung zu Goethe bietet die Homepage der Universitätsbibliothek der FU Berlin:
http://www.ub.fu-berlin.de/internetquellen/fachinformation/germanistik/autoren/multi_fgh/goethe/index.html

5) Verfilmungen

Begegnung mit Werther. BRD 1949.
Regie: Karl Heinz Stroux.
Drehbuch: Hermann Gressieker und Karl Heinz Stroux.

Die Leiden des jungen Werther. DDR 1976.
Regie: Egon Günther.
Drehbuch: Helga Schütz und Egon Günther.

Die Leidenschaftlichen. Goethes Werther: Dichtung und Wahrheit. BRD/Österreich/Schweiz (Verfilmung für das Fernsehen) 1981.
Regie: Thomas Koerfer.
Drehbuch: Hans Christoph Buch und Thomas Koerfer.

Wie interpretiere ich...?

■ Der Bestseller!

Alles zum Thema Interpretation,
abgestimmt auf die individuellen Anforderungen

※ **Basiswissen**
(Einführung und Theorie)
- grundlegende Sachinformationen zur Interpretation und Analyse
- Grundlagen zur Erstellung von Interpretationen
- Fragenkatalog mit ausgewählten Beispielen
- Analyseraster

※ **Anleitungen**
(konkrete Anleitung - Schritt für Schritt,
mit Beispielen und Übungsmöglichkeiten)
- Bausteine einer Gedichtinterpretation
- Musterbeispiele
- Selbsterarbeitung anhand praxisorientierter Beispiele

※ **Übungen mit Lösungen**
(prüfungsnahe Aufgaben zum Üben und Vertiefen)
- konkrete, für Klausur und Abitur typische Fragen und Aufgabenstellungen zu unterrichts- und lehrplanbezogenen Texten mit Lsg.
- epochenbezogenes Kompendium

Bernd Matzkowski
Wie interpretiere ich Lyrik?
Basiswissen Sek. I/II (AHS)
112 Seiten, mit Texten
Best-Nr. 1448-6

Thomas Brand
Wie interpretiere ich Lyrik?
Anleitung Sek I/II (AHS)
205 Seiten, mit Texten
Best-Nr. 1433-8

Thomas Möbius
Wie interpretiere ich Lyrik?
Übungen mit Lösungen, Band 1
Mittelalter bis Romantik
Sek. I/II (AHS),
158 S., mit Texten
Best.-Nr. 1460-5

Thomas Möbius
Wie interpretiere ich Lyrik?
Übungen mit Lösungen, Band 2
Realismus bis Postmoderne
Sek. I/II (AHS),
149 S., mit Texten
Best.-Nr. 1461-3

Bernd Matzkowski
Wie interpretiere ich Novellen und Romane?
Basiswissen Sek. I/II (AHS)
74 Seiten
Best-Nr. 1495-8

Thomas Brand
Wie interpretiere ich Novellen und Romane?
Anleitung Sek. I/II (AHS)
160 Seiten, mit Texten
Best-Nr. 1471-0

Thomas Möbius
Wie interpretiere ich Novellen und Romane?
Übungen mit Lösungen Sek. I/II (AHS)
200 Seiten, mit Texten
Best.-Nr. 1472-9

Bernd Matzkowski
Wie interpretiere ich ein Drama?
Basiswissen Sek. I/II (AHS)
112 Seiten
Best-Nr. 1419-2

Thomas Möbius
Wie interpretiere ich ein Drama?
Anleitung
204 Seiten, mit Texten
Best.-Nr. 1466-4

Thomas Möbius
Wie interpretiere ich ein Drama?
Übungen mit Lösungen
206 Seiten, mit Texten
Best.-Nr. 1467-2

Bernd Matzkowski
Wie interpretiere ich?
Sek. I/II (AHS)
114 Seiten
Best-Nr. 1487-7

Bernd Matzkowski
Wie interpretiere ich Kurzgeschichten, Fabeln und Parabeln?
Basiswissen Sek. I/II (AHS)
96 Seiten, mit Texten
Best-Nr. 1493-1

Thomas Möbius
Beliebte Gedichte interpretiert
Sek I/II (AHS)
104 S., mit Texten
Best.-Nr. 1480-X

Eduard Huber
Wie interpretiere ich Gedichte?
Sek I/II (AHS)
112 Seiten
Best.-Nr. 1474-5
Ein kompakter Helfer zum Thema Gedichtinterpretation.
Das Buch hebt sich durch seine kompakte Darstellung und seine Methodik von anderen Interpretationshilfen ab.

Aufsatz

■ Qualität, die überzeugt!

- schülergerecht dargestellt und aufbereitet
- klarer, übersichtlicher Aufbau
- Randleisten mit Info-Buttons
- mit Übungen und Lösungen
- erarbeitet in Anlehnung an die gültigen Lehrpläne
- Lernerfolg ist garantiert!

Die Bände enthalten sowohl die wichtigsten Informationen zu den einzelnen Aufsatzthemen als auch zahlreiche Übungsmöglichkeiten. Die Übungen bauen aufeinander auf und sind auf der Grundlage aktueller, schülernaher und unterrichtsrelevanter Texte verfasst. Inhaltliche wie sprachlich-grammatische Aspekte werden in gleicher Weise berücksichtigt.
Ein Lösungsteil ermöglicht die eigenständige Kontrolle und Verbesserung der Arbeitsergebnisse.

Eckehart Weiß
Wie schreibe ich einen Aufsatz?
5.–6. Schuljahr
Sek I / RS / Gym (HS/AHS)
216 Seiten
Best.-Nr. 1481-8
Folgende Themen werden behandelt:
Die Erzählung / Der Bericht / Der Brief / Die Beschreibung / Schilderung / Textzusammenfassung

Thomas Brand
Wie schreibe ich einen Aufsatz?
7.–8. Schuljahr
Sek I / RS / Gym (HS/AHS)
180 Seiten
Best.-Nr. 1482-6
Folgende Themen werden behandelt:
Inhaltsangabe (auch erweitert) / Bildbeschreibung / Schilderung / Protokoll / begründete Stellungnahme und Kurzvortrag

Brand, Möbius
Wie schreibe ich einen Aufsatz?
9.–10. Schuljahr
Sek I / RS / Gym (HS/AHS), 200 Seiten
Best.-Nr. 1483-4
Folgende Themen werden behandelt:
Informierende, berichtende, kommentierende Texte / Reportage / dialektische Erörterung / Geschäftsbrief / Charakteristik / Argumentationslehre / lineare Erörterung / Referat

Thomas Möbius
Wie schreibe ich einen Aufsatz?
11.–13. Schuljahr – Band 1
Sek II / Gym (AHS)
188 Seiten
Best.-Nr. 1484-2
Folgende Themen werden behandelt:
Die Inhaltsangabe / Die Erörterung / Die Textanalyse / Facharbeit

Thomas Möbius
Wie schreibe ich einen Aufsatz?
11.–13. Schuljahr – Band 2
Sek II / Gym (AHS)
160 Seiten
Best.-Nr. 1485-0
Folgende Themen werden behandelt:
Die Textinterpretation / Epik / Lyrik / Drama / Textvergleich

Eckehart Weiß
Berichten – Erzählen – Beschreiben
5.–7. Schuljahr
Sek I / RS / Gym (HS/AHS), 152 Seiten
Best.-Nr. 1475-3
Das Buch behandelt alle Aufsatzformen der 5.-7. Klasse.
Wie schreibe ich einen Bericht, eine Reizwortgeschichte, eine Schilderung, ...? Übersichtlich und verständlich aufgebaut, wird dem Schüler ermöglicht, anhand von Anleitungen, Beispielen, Übungen und Lösungen gezielt die jeweilige Aufsatzform zu erschließen, um sie dann in der Praxis erfolgreich umzusetzen. Lernerfolg ist garantiert. Die ideale Hilfe für Schüler und Eltern.